Renate Baudusch

Punkt, Punkt, Komma, Strich

Regeln und Zweifelsfälle
der deutschen Zeichensetzung

VEB Bibliographisches Institut Leipzig

Baudusch, Renate:
Punkt, Punkt, Komma, Strich : Regeln u. Zweifelsfälle d. dt. Zeichensetzung / Renate Baudusch. – 3., durchges. Aufl. – Leipzig : Bibliographisches Institut, 1989. – 192 S.
ISBN 3-323-00040-4

ISBN 3-323-00040-4

3., durchgesehene Auflage
© VEB Bibliographisches Institut Leipzig, 1989
Verlagslizenz-Nr. 433-130/155/89
Printed in the German Democratic Republic
Lichtsatz: INTERDRUCK Graphischer Großbetrieb Leipzig – III/18/97
Druck und Einband: Karl-Marx-Werk, Graphischer Großbetrieb, Pößneck V 15/30
Einbandgestaltung: Rolf Kunze, Großpösna
LSV 0819
Best.-Nr. 577 530 1
00700

Inhaltsverzeichnis

3. Die paarigen Satzzeichen 165

Vorwort

Die richtige und zweckmäßige Verwendung der geschriebenen Sprache ist eine wichtige Voraussetzung für eine bewußte, verantwortungsvolle und erfolgreiche Teilnahme am gesellschaftlichen Leben.

Bemühungen um einen normgerechten, schöpferischen und angemessenen Sprachgebrauch schließen die Bemühungen um die Beherrschung der deutschen Orthographie mit ein; die geschriebene Sprache und die Rechtschreibung sind daher fester Bestandteil der Sprachkultur. Zahlreiche Fehleranalysen haben ergeben, daß Zeichensetzungsfehler zu den häufigsten Rechtschreibfehlern zählen, die Unsicherheit auf diesem Teilgebiet der Orthographie also besonders groß ist. Obwohl der Duden einen umfangreichen Regelapparat zur Zeichensetzung enthält, bleiben noch genügend ungeklärte Fragen und Zweifelsfälle für den Schreibenden offen. Eine große Zahl von Leseranfragen, insbesondere zur Kommasetzung, an die Redaktion der Zeitschrift „Sprachpflege" legt dafür ein beredtes Zeugnis ab.

Anliegen dieses Taschenbuches soll es daher sein, neben einer klaren und übersichtlichen Darstellung der im Duden formulierten Richtlinien auch solche Schwierigkeiten und Problemfälle einzubeziehen, die im Duden bisher nicht berücksichtigt werden konnten. Zahlreiche Beispiele und Erklärungen sowie tabellarische Übersichten sollen die Benutzung erleichtern. Ich hoffe, in diesem Buch möglichst vielen Ratsuchenden eine befriedigende Antwort geben zu können.

Renate Baudusch

Einführung

Innerhalb der Orthographie stellt die Zeichensetzung oder Interpunktion ein besonderes Teilsystem dar, in dem jedes Satzzeichen eine spezielle Aufgabe zu erfüllen hat.

Die Funktion der Satzzeichen hat sich im Verlauf der historischen Entwicklung der geschriebenen deutschen Literatursprache verändert, so wie sich auch die Grundfunktion der Schreibung verändert hat. In ihren Anfängen richtete sich die Zeichensetzung vor allem nach der gesprochenen Sprache, indem mit Hilfe der Satzzeichen bestimmte Lautelemente wie Rhythmus, Intonation, Pausen abgebildet wurden. Noch in den mittelalterlichen Handschriften wurden daher vor allem solche Texte interpunktiert, die für das laute Vorlesen bestimmt waren. So ist die Gliederung der lateinischen Bibelübersetzung durch Hieronymus (4./5. Jh.) in engem Zusammenhang mit der *lectio*, der Lehre vom kunstvollen Vortrag eines geschriebenen Textes, zu sehen. Der Bibeltext wurde in der Kirche von besonderen Vorlesern vorgetragen, die eine gründliche rhetorische Ausbildung erhalten hatten.

Bis ins 6. Jh. unserer Zeitrechnung kannte man die Bezeichnung kleiner, mittlerer und großer Pausen durch Punkte in drei verschiedenen Höhen, als deren „Erfinder" Aristophanes von Byzanz (3.–2. Jh. v. u. Z.) gilt: die *distinctio* am Kopf der Zeile als volle Sinnpause mit der Gelegenheit zum Durchatmen nach jedem in sich geschlossenen Gedanken; die *subdistinctio* am Fuße der Zeile, die eine größere inhaltliche Einheit in kleinere Glieder unterteilt; die *media distinctio* in der Mitte der Zeile, die bei umfangreichen inhaltlichen Einheiten Gelegenheit zum Nachatmen geben soll. Bei Isidor von Sevilla (560–636) werden diese Zeichen nach den grammatischen Namen der durch sie getrennten syntaktischen Einheiten benannt: *periodus* (später *punctum*), *colon* und *comma*. Die Lehre von den „distinctiones per cola et commata" hatte als Vorschrift zur schriftlichen Bezeichnung der Pausen ihren festen Platz in der römischen Grammatik. Sie stand von vornherein in engstem Zusammenhang mit dem mündlichen Vortrag. Das erklärt wohl auch, daß durchaus nicht jeder antike lateinische Text mit Interpunktionszeichen ausgestattet war; im Unterschied zum modernen Gebrauch waren diese immer nur ein gelegentliches Hilfsmittel im Hinblick auf das sinngemäße laute Lesen.

Dieses rhythmisch-intonatorische Prinzip der Interpunktion ist auch in deutschen Schriften seit der Karolingerzeit bis ins 19. Jahrhundert hinein nachweisbar, und eine stattliche Reihe bedeutender Grammatiker hat sich ausdrücklich dazu bekannt: Alcuin, Niclas, Lipsius, Heynatz, Moritz, Radlof, Schmitthenner, Becker, Wilmanns u. a. Besonders deutlich hat sich Hieronymus Freyer (1721) für eine lautgetreue Interpunktion ausgesprochen: „Denn wie einer, der verständlich reden will, entweder am gehörigen Ort inne halten oder einen besonderen Ton auf die Worte legen; und dadurch eine Sache von der andern unterscheiden muß: also ist solcher Unterschied auch im schreiben anzudeuten … gleichwie die Buchstaben selbst auch nichts anders als Zeichen desjenigen Lauts sind, der beym reden in die Ohren fällt. Und also richtet sich die Orthographie auch in diesem Stück nach der Pronunciation, wie solches die erste Hauptregel erfordert." Dieselbe Meinung vertritt auch noch Johann Christoph Adelung (1788): „Die Absicht der Unterscheidungszeichen ist, die verschiedenen Pausen anzudeuten, welche der vernünftige und bedachtsame mündliche Vortrag zwischen den Gliedern des Satzes bemerken läßt; ihr richtiger Gebrauch hängt also eben so sehr von dem allgemeinen Gesetze: schreib wie du sprichst, ab, als alles übrige in der Orthographie."

Daß die Interpunktionszeichen nicht nur die Pausen, sondern auch die Tonverhältnisse der Sätze bezeichnen, haben Weiske (1838), Becker (1839) und Wilmanns (1870) festgestellt und damit auch Punkt, Kolon, Semikolon und Komma die Funktion der Tonbezeichnung zuerkannt, die sie jedoch von derjenigen des Frage- und Ausrufezeichens grundsätzlich unterschieden. Ganz in diesem Sinne hat auch noch Konrad Duden (1876) die Grundfunktion der Zeichensetzung beschrieben: „Wie die Buchstaben die Lautverhältnisse der einzelnen Wörter, so bezeichnen die Satzzeichen die Tonverhältnisse der Sätze: sie geben an, an welcher Stelle der gesprochenen Rede man eine größere oder kleinere Pause macht, und zugleich, ob man beim Eintritt dieser Pause den Ton in der Schwebe zu halten, ob man ihn mehr oder minder zu heben, ob man ihn mehr oder minder zu senken hat."

Mit dieser Feststellung hat sich Duden – ebenso wie zahlreiche andere Grammatiker des 18. und 19. Jh. – jedoch zweifellos einer Illusion hingegeben. Eine unmittelbare Übereinstimmung der Interpunktion mit der Lautung war zu dieser Zeit auf dem Gebiet der Kommasetzung kaum noch vorhanden. Im Laufe der historischen Entwicklung ging die Beziehung zur gesprochenen Sprache, deren möglichst genaue Widerspiegelung zunächst als einziger Sinn und Zweck der Schreibung betrachtet wurde, weitgehend verloren. Die Tendenz zur unmittelbaren Bedeutungsverdeutlichung fand in der Zeichensetzung ihren Ausdruck in der Abkehr von den rhythmisch-intonatorischen Elementen der gesprochenen Sprache.

Diesen grundlegenden Wandel im Gebrauch der Satzzeichen brachte die Erfindung der Buchdruckerkunst. Je mehr man las, und zwar nicht laut, sondern still für sich, desto größer wurde das Bedürfnis nach einer klaren, überschaubaren Gliederung des Textes, nach einer Kennzeichnung der Satzstruktur im Schriftbild mit Hilfe der Interpunktion. Seit der Mitte des 16. Jh. finden sich in deutschen Grammatiken immer häufiger Versuche, die Interpunktion zu rationalisieren, d. h. nach grammatisch-logischen Prinzipien zu erklären und in Regeln zu fassen. Die Verwendung der Satzzeichen wurde zunehmend systematisiert und an bestimmten syntaktischen Begriffen orientiert. Die folgende Skizze mag diese Entwicklung verdeutlichen:

I. Rhythmisch-intonatorische Interpunktion
(außersprachliche Realität)
↓
logisch-semantische Einheiten
↓
gesprochene Äußerung
(gegliedert durch Rhythmus und Intonation)
↓↑
geschriebene Äußerung
(gegliedert durch Interpunktion)

II. Syntaktische Interpunktion
(außersprachliche Realität)
↓
logisch-semantische Einheiten

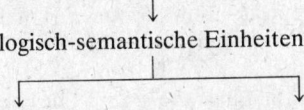

geschriebene Äußerung ⇄ gesprochene Äußerung

Als erster Theoretiker der Zeichensetzung in Deutschland kann der Eßlinger Stadtschreiber Niclas von Wyle gelten, der bereits im Jahre 1462 die Grundsätze seiner Interpunktion beschrieb und feste Regeln über den Gebrauch der Satzzeichen aufstellte. In der damaligen Praxis fanden seine Vorschläge jedoch kaum Verwendung. Erst nachdem die Hierarchie der Satzzeichen durch den italienischen Buchdrucker Aldus Manutius (1566) festgelegt worden war, gelang es den deutschen Grammatikern des 17. Jh., eine vernünftige und konsequente Verwendung der vorhandenen Zeichen durch Aufstellung eines Regelapparates zu begründen. Dabei lassen J. G. Schottel (1663) und J. Bödiker (1690) schon den Versuch erkennen, die Satzzeichen als Mittel zur Ausformung der Bedeutung des Geschriebenen aufzufassen.

Im 18. Jh. wird die Interpunktion zum grundlegenden Teil der Satzlehre. Als Begründer der modernen deutschen Interpunktion ist J. Chr. Adelung (1781) anzusehen, der erstmals Satzteil- und Satztonzeichen unterschieden hat. Damit war die syntaktische Gliederung des Satzes zu einem greifbaren Merkmal für die Aufstellung bestimmter Interpunktionsregeln geworden. Der ständig zunehmende Gebrauch der geschriebenen Sprache zwang die Schreibenden (und die Lesenden!) zur syntaktischen Analyse, doch die Grammatik des 16. und 17. Jh. war noch nicht in der Lage, das theoretische Fundament für eine syntaktisch orientierte Zeichensetzung zu bieten. Die Lehre von der Satzgliederung gelangte erst mit der französischen Grammatik von Port Royal („Grammaire générale et raisonnée", 1664) nach Deutschland und wurde seit dem Beginn des 18. Jh. von deutschen Grammatikern übernommen. Bei Adelung finden sich zwar schon Ansätze zu einer syntaktischen Begründung der Interpunktion, doch erst mit der vollen Ausbildung der Satzlehre in den ersten Jahrzehnten des 19. Jh. wurde sie zum Prinzip erhoben. Den entscheidenden, für die Theorie und die Terminologie der deutschen Syntax bestimmenden Schritt tat K. F. Becker (1839), der in der Grammatik als erster grundsätzlich vom Satz ausging. Auf seinem System beruhen die Darstellungen der Interpunktionslehre in den folgenden Jahrzehnten, z. B. die von Heyse (1849), Wilmanns (1870) und Duden (1876). Die Unzulänglichkeit des rhythmisch-intonatorischen Prinzips für die Interpunktionsregelung wurde bereits von Ludewig (1831) nachgewiesen; die Grundlage seiner Theorie ist das syntaktische Prinzip, das Weiske (1838) erstmals zum allein maßgeblichen Prinzip der Interpunktion erklärte.

Der für die Interpunktionslehre des 19. Jh. charakteristische Dualismus von rhythmisch-intonatorischem und syntaktischem Prinzip zeigt sich jedoch weniger in den theoretischen Grundpositionen als in der Formulierung und praktischen Anwendung der Regeln. So erscheint es wenig glaubhaft, daß ausgerechnet der Begründer der deutschen Syntax, Karl Ferdinand Becker, die Interpunktionszeichen als Ton- und Pausenzeichen aufgefaßt wissen will und als oberstes Gesetz für die Verwendung von Punkt, Kolon, Semikolon und Komma formuliert: „Bezeichne die größeren oder kleineren Pausen, die in der richtig gesprochenen Rede gehört werden, durch die ihnen entsprechenden Interpunktionszeichen." Auch Konrad Duden hat sich zwar in seiner oben zitierten Äußerung noch der Illusion hingegeben, daß die Interpunktion wesentlich dazu beitrage, „die gesprochene Rede genau schriftlich wiederzugeben"; in der Praxis sind jedoch seine Kommaregeln fast ausnahmslos syntaktisch begründet. Das von ihm verfaßte Regelsystem, das zuerst einen kurzen Abschnitt in der ersten Auflage des sogenannten Buchdruckerdudens (Leipzig 1903) bildete und erst 1915 in die neunte Auflage des Dudens eingearbeitet wurde, hat bis heute an Umfang und Kompliziertheit ständig zugenommen. Die Beziehung zur gesprochenen Sprache ging im Zuge der Grammatikalisierung und Präzisierung der Interpunktionsregeln größtenteils verloren; es entstand ein von den Gesetzmäßigkeiten der Lautung weitgehend unabhängiges Regelsystem, das keine Anleitung zur richtigen Pausierung und Intonation einer geschriebenen Äußerung geben, sondern dem „stillen Leser" die syntaktische Struktur des Textes deutlich machen und ihm dadurch die geistige Erfassung der Wortfolge durch raschen Überblick ermöglichen sollte.

Die Geschichte der Interpunktion ist also eine Entwicklung vom intonatorischen zum syntaktischen Prinzip. Diese Entwicklung verlief zunächst spontan, wurde jedoch durch die im Laufe des 19. Jh. aufgestellten Regeln bewußt gesteuert und beschleunigt. Die Vorherrschaft des syntaktischen Prinzips, das im 16. Jh. schrittweise neben das intonatorische trat, ist gegen Ende des 19. Jh. besiegelt. Der Gegensatz dieser beiden Prinzipien ist – trotz des theoretisch meist aufrechterhaltenen „Pausenprinzips" – von den Grammatikern schon früh bemerkt worden; so wurde bereits von Konrad Duden (1903) auf Widersprüche und Überschneidungen von syntaktischer und Pausengliederung hingewiesen: „Nicht immer lassen sich die verschiedenen

Zwecke der Zeichensetzung zugleich erreichen. Zuweilen erfordert die grammatische Gliederung ein Satzzeichen, wo der Redende keine Pause macht, und umgekehrt." Eine völlige „Grammatikalisierung" unserer Interpunktionsregeln ist jedoch trotz aller Bemühungen, den von Konrad Duden vorgegebenen Regelapparat allen syntaktischen Möglichkeiten des Deutschen anzupassen, bis heute nicht gelungen.

Das gegenwärtige deutsche Interpunktionssystem besteht aus 12 verschiedenen Satzzeichen: den Satzschlußzeichen Punkt, Fragezeichen, Ausrufezeichen und den Auslassungspunkten; den Satzmittezeichen Komma, Semikolon, Gedankenstrich, Doppelpunkt; den paarigen Satzzeichen doppeltes Komma, doppelter Gedankenstrich, Klammern und Anführungszeichen.

Jedes dieser Satzzeichen hat seine besondere Aufgabe. Gemeinsam ist allen eine Grenz- und Gliederungsfunktion innerhalb des geschriebenen oder gedruckten Textes, die es dem Lesenden ermöglicht, auch umfangreichere Satzstrukturen zu erfassen, und die ihm einen raschen Überblick vermittelt. Die Satzzeichen unterscheiden sich jedoch durch Art und Umfang der von ihnen abgegrenzten oder hervorgehobenen sprachlichen Einheiten (Wörter, Wortgruppen, Teilsätze, Ganzsätze, Absätze) und durch ihre Stellung am Anfang, in der Mitte oder am Ende dieser Einheiten. So ist die gemeinsame Grundfunktion von Punkt, Fragezeichen und Ausrufezeichen die Gliederung von Texten, die durch sie abgegrenzten syntaktischen Einheiten sind Ganzsätze. Die Satzmittezeichen Komma, Semikolon, Gedankenstrich und Doppelpunkt grenzen Teilsätze (Haupt- oder Nebensätze) zusammengesetzter Sätze ab. Daneben können sie außerdem einzelne Wörter oder Wortgruppen voneinander abgrenzen. Die paarigen Satzzeichen doppeltes Komma und doppelter Gedankenstrich dienen der Hervorhebung von Teilsätzen, Wortgruppen und Wörtern innerhalb eines einfachen oder zusammengesetzten Satzes, während Klammern und Anführungszeichen sogar ganze Absätze umfassen können. Das universalste Satzzeichen sind die Auslassungspunkte, durch die sich beliebige sprachliche Einheiten abgrenzen oder auch ersetzen lassen.

Neben dieser Grenz- und Gliederungsfunktion haben einige Satzzeichen die Fähigkeit, bestimmte kommunikative Bezüge herzustellen und damit die besondere Aussageabsicht des Schreibenden zum Ausdruck zu bringen. In dem Satz *Wir haben ein Telegramm bekommen* wird die Eindeutigkeit der Aussage erst durch die Art des Satzschlußzeichens gesichert; erst ein Punkt, Ausrufe- oder Fragezeichen machen die kommunikative Funktion des Satzes deutlich und damit für den Lesenden verständlich. Darüber hinaus können bestimmte Satzzeichen die Einstellung des Schreibenden zu seiner Äußerung verdeutlichen, z. B. die Anführungszeichen und der Doppelpunkt.

Aber auch beträchtliche stilistische Wirkungen lassen sich mit Hilfe der Zeichensetzung erreichen. Dadurch, daß sich verschiedene Satzzeichen in bestimmten Funktionen decken, stehen dem Schreibenden häufig mehrere Zeichen zur Auswahl. Eine Reihe unverbundener Hauptsätze kann durch Punkte, Semikolons oder Kommas gegliedert, eingeschaltete Sätze können in Kommas, Gedankenstriche oder Klammern eingeschlossen werden. Ob der Schreibende in bestimmten Sätzen einem Komma, Semikolon, Doppelpunkt, Gedankenstrich oder auch einem Punkt den Vorzug gibt, hängt zum Teil auch von seiner Aussageabsicht und von seinem stilistischen Empfinden ab. Trotz unserer vielen und äußerst diffizilen Interpunktionsregeln bleibt ihm dafür noch genügend Spielraum, solange es nicht zu einer Entstellung des Bedeutungsgehalts der Aussage kommt und die Beziehungen innerhalb des Satzes verwischt oder zerstört werden.

Innerhalb unseres Interpunktionssystems befolgen die Satzzeichen eine bestimmte Hierarchie oder Rangfolge, indem „stärkere" Satzzeichen die Fähigkeit haben, „schwächere" in sich aufzunehmen. Demnach kann ein Komma durch eines der Satzschlußzeichen aufgehoben werden; die Funktionen der beiden Zeichen werden dabei zusammengezogen wie bei den folgenden Appositionen: *Jenseits derselben aber steigt das Herrenhaus auf, ein gelbgetünchter Bau mit zwei Blitzableitern.* (Th. Fontane) *Ja, er war ein Epikuräer, der kleine Herr Friedemann!* (Th. Mann) In dieser hierarchischen Ordnung nehmen Punkt, Ausrufezeichen, Fragezeichen und Doppelpunkt die höchste Stufe, das Semikolon die mittlere Stufe und das Komma die niedrigste Stufe ein. Gedankenstriche, Klammern und Anführungszeichen entziehen sich der Kontraktion; sie können auch in Verbindung mit anderen Satzzeichen auftreten.

Die Zeichensetzung oder Interpunktion bildet demnach ein hierarchisch gegliedertes System optisch wahrnehmbarer Zeichen, die sowohl von den Buchstaben des Alphabets als auch von den Ziffern und anderen Symbolen mit Wortbedeutung (§, %) verschieden sind. Sie beziehen sich im Gegensatz zu Apostroph, Bindestrich oder Abkürzungspunkt, die wir hier bewußt ausgeklammert haben, nicht auf das Wort, sondern auf den Satz oder dessen Glieder. Die Regeln für die Verwendung der Satzzeichen sind Teil der Orthographie, der Norm der Schreibung, und haben denselben hohen Verbindlichkeitsgrad wie die Regeln zur Schreibung der Wörter. In unserer Darstellung sind die Hauptregeln durch das vorangestellte Zeichen ■ hervorgehoben.

1. Die Satzschlußzeichen

Zu den Satzschlußzeichen gehören der Punkt, das Fragezeichen, das Ausrufezeichen und die Auslassungspunkte. Entsprechend der Aussageabsicht lassen sich die Sätze in bestimmte Satzarten einteilen. Der Punkt dient zur Kennzeichnung von Aussagesätzen, in denen etwas mitgeteilt wird. Fragezeichen und Ausrufezeichen kennzeichnen Frage- bzw. Aufforderungssätze, mit denen man eine Reaktion beim Empfänger erreichen will. Die Auslassungspunkte weisen, obwohl sie am Ende des Satzes stehen, auf seine Unvollständigkeit hin.

1.1. Der Punkt

Der Punkt ist das häufigste Satzschlußzeichen. Historisch gesehen, ist er das älteste Interpunktionszeichen und mit dem Einsetzen der handschriftlichen Überlieferung seit dem 4. Jh. die wichtigste Form der Interpunktion.

Ursprünglich aus der *distinctio*, einem Punkt am Kopf der Zeile zur Bezeichnung einer vollen Sinnpause mit Gelegenheit zum Durchatmen nach jedem in sich geschlossenen Gedanken, hervorgegangen, erhält er bei Isidor von Sevilla (560–636) den Namen *periodus* nach der durch diese Zeichen abgegrenzten semantisch-syntaktischen Einheit; aus demselben Grunde wird er später auch *punctum* genannt. Neben colon und comma bleibt der Punkt bis zum 9. Jh. das einzige Interpunktionszeichen. Wie das Komma war auch der Punkt zunächst ein Ton- und Pausenzeichen, er kennzeichnete also durchaus nicht immer das Ende eines Satzes im grammatischen Sinne. Mit der zunehmenden Bedeutung der geschriebenen Sprache für die gesellschaftliche Kommunikation und ihrer damit einhergehenden Tendenz zur relativen Autonomie von der gesprochenen Sprache änderte sich die Funktion des Punktzeichens insoweit, daß es in der gegenwärtigen geschriebenen deutschen Literatursprache zur Kennzeichnung der Satzgrenze dient, der Grenze einer Mitteilungseinheit mit einem relativ abgeschlossenen Gedankengehalt, die in der Regel einer durch die Stimmführung abgeschlossenen Aussage der gesprochenen Sprache entspricht. Der Punkt ist ein Grenz- und Gliederungszeichen. Die abgegrenzten Einheiten sind Ganzsätze, die entweder einfach oder aus mehreren Teilsätzen zusammengesetzt sein können:

> Der Arzt in Dömitz hatte ein neues Rezept, jedenfalls hatten wir davon noch nichts gehört. Er schickte mich mit meinem Bruder in das Gaswerk. Dort war eine große Halle mit Schlackenbergen und Kohlengrus, und ringsherum lagen Bretter für die Schubkarren. Und auf diesen Brettern fuhr mein Bruder den ganzen Tag mit seinem Roller um die Halle. Der Arzt hatte gesagt, diese Art Luft dort würde Detlef guttun. (H. Kant)

In der Regel leitet der Punkt zu einem neuen Ganzsatz über, dessen Beginn zusätzlich durch die Großschreibung des Anfangsbuchstabens des Wortes angezeigt wird, das dem Punkt folgt (falls dieses nicht ohnehin groß geschrieben wird). Der Punkt kann jedoch auch den Abschluß größerer Texteinheiten oder eines ganzen Textes anzeigen.

Im Gegensatz zu den anderen beiden Satzschlußzeichen, dem Frage- und Ausrufezeichen, kennzeichnet der Punkt den vorangehenden Ganzsatz als Aussagesatz, gleichsam als „kommunikativ neutral" gegenüber der Emotionalität und Expressivität eines Frage- und Ausrufesatzes. Punkt, Frage- und Ausrufezeichen unterscheiden sich demnach in ihrem kommunikativen Bezug, d. h. in ihrer Fähigkeit, eine bestimmte kommunikative Funktion des Satzes zu signalisieren und damit die Eindeutigkeit und Verständlichkeit der Aussage zu sichern. Ob am Ende ein Punkt, ein Fragezeichen oder ein Ausrufezeichen gesetzt wird, läßt sich am Inhalt des Satzes und an seiner Form (Stellung der gebeugten Verbform) erkennen.

Der Punkt als Satzschlußzeichen

■ **R 1**   Der Punkt steht am Ende eines Aussagesatzes:

> Juri Gagarin war der erste Mensch im Kosmos. Gestern hat es geregnet. Mein Freund ist krank.

Das gilt nicht nur für den einfachen Satz, sondern auch für Satzverbindungen und Satzgefüge:

Am Abend kam Wind auf, und es begann zu regnen. Ich möchte gern mitkommen, aber ich habe keine Zeit. Das Kind weinte, weil es seinen Schlüssel verloren hatte. Wenn das Wetter schön bleibt, machen wir morgen einen Ausflug.

R 2   Der Punkt steht auch nach indirekten Fragesätzen, nach abhängigen Ausrufesätzen, Aufforderungs- und Wunschsätzen am Ende eines Satzgefüges:

> Sie fragte mich, ob ich ihr helfen könne.   (indirekter Fragesatz)
> Ich rief dem Kind zu, es brauche vor dem Hund keine Angst zu haben.   (Ausrufesatz)
> Ich wünschte, die Prüfung wäre erst vorbei.   (Wunschsatz)
> Er forderte ihn auf, er solle die Wohnung sofort verlassen. (Aufforderungssatz)

R 3   Unabhängige Aufforderungs- oder Wunschsätze ohne besonderen Nachdruck enden mit einem Punkt:

> Rufen Sie bitte später noch einmal an.

Der Punkt steht hier statt des Ausrufezeichens.

R 4   Nach einem direkten Fragesatz kann das Fragezeichen nicht durch den Punkt ersetzt werden, auch nicht nach rhetorischen Fragen:

> Wer hätte das voraussehen können? Wären Sie so freundlich, später noch einmal anzurufen? Würde es Ihnen etwas ausmachen, wenn ich das Fenster öffne? Darf ich Sie darauf aufmerksam machen, daß hier nicht geraucht wird?

R 5   Ein angeführter Aussagesatz steht ohne Punkt, wenn der Satz danach noch weitergeführt wird:

> Mit den Worten „Ich komme gleich wieder" war er auch schon zur Tür hinaus. Anna Seghers' Roman „Die Toten bleiben jung" erschien zuerst 1949. Getreu ihrem Wahlspruch „Morgenstunde hat Gold im Munde" stand sie stets zeitig auf. „Ich komme morgen", sagte er.

R 6   Der Punkt steht nach Auslassungssätzen und Satzstükken, als wären es vollständige Sätze:

> Das unterschreibe ich nicht. Auf keinen Fall. Nun erst recht nicht. Hast du die Theaterkarten? Natürlich.

Freistehende Zeilen ohne Punkt

■ **R 7**   Freistehende Zeilen, die im geschriebenen oder gedruckten Text deutlich hervorgehoben werden, stehen ohne Punkt.
Das betrifft Überschriften, Buch- oder Zeitungstitel, Bildunterschriften, Datumsangaben, Anschriften und Unterschriften in Briefen, Inhaltsverzeichnisse, Gliederungen und Tabellen.

R 8   Nach Überschriften aller Art (Schlagzeilen, Zeitungs-, Aufsatzüberschriften) setzt man keinen Punkt:

> Glückwunsch zum norwegischen Nationalfeiertag
> Erfolg junger Solisten
> Australien für Fortsetzung des Dialogs in Asien
> (Zeitungsüberschriften)
>
> Mein schönstes Ferienerlebnis
> Wie ich meiner Mutter helfe   (Aufsatztitel)

Der Punkt steht auch dann nicht, wenn die Überschrift ein ganzer Satz (Aussagesatz) ist:

> Weideflächen werden erweitert
> Ätna nahm Herausforderung an

Auch die Betreffzeile gilt als Überschrift, steht also ohne Punkt:

> Betreff
> Unentschuldigtes Fehlen

R 9   Kein Punkt steht nach Buch- und Zeitungstiteln, auch wenn sie ganze Aussagesätze sind:

> Der Große Duden
> Wie der Stahl gehärtet wurde
> Der Zug war pünktlich
> Theoretische Probleme der deutschen Orthographie
> Wissenschaftliche Zeitschrift der Karl-Marx-Universität Leipzig
> Neue Zeit

R 10   Nach Bildunterschriften setzt man einen Punkt, wenn sie aus einem vollständigen Aussagesatz bestehen:

Schloß Burgscheidungen mit italienischem Terrassengarten

Angela Stahnke wurde in Innsbruck Juniorenweltmeisterin im Eisschnellauf-Mehrkampf.

Besteht die Bildunterschrift aus mehreren Aussagesätzen, so erhalten diese die üblichen Punkte:

Nahezu 100 000 Menschen sahen gestern das Länderspiel im Leipziger Zentralstadion. Vor dieser eindrucksvollen Kulisse zeigten beide Mannschaften ein gutes Spiel.

R 11 Kein Punkt steht in Briefen und anderen Schriftstücken

– *nach Grußformeln und Unterschriften:*

Mit freundlichem Gruß
Prof. Dr. sc. nat. Birnbaum

Viele herzliche Grüße
  von Eurer Heike

Auch wenn Grußformel und Unterschrift einen vollständigen Satz bilden, steht kein Punkt am Ende:

Die besten Urlaubsgrüße sendet Dir
  Dein Freund Peter

Sei bis zu unserem Wiedersehen vielmals gegrüßt von
  Deiner Tante Helene

– *nach Anschriften auf Umschlägen, Briefköpfen und Visitenkarten:*

Herrn	Frau
Wilhelm Braun	Dr. sc. Ruth Schneider
Gartenstraße 12	Postfach 552
Berlin	Leipzig
1035	7010

Jürgen Gottschalk
Konservator der numismatischen Sammlung
Museum für Deutsche Geschichte

– *nach der Jahreszahl bei selbständigen Datumsangaben:*

Dresden, den 16. 3. 1984

Steht die Datumsangabe am Ende eines Aussagesatzes, so setzt man danach einen Schlußpunkt:

Haben Sie vielen Dank für Ihren Brief vom 22. Februar 1983.

R 12   Freistehende Zeilen in Inhaltsverzeichnissen, Gliederungen, Tabellen, zeilenweise abgesetzte Aufzählungen, Eintragungen in Formulare u. dgl. stehen ohne Schlußpunkt:

– *Inhaltsverzeichnis*

1.   Die Sprache – Mittel der Verständigung und der Erkenntnis
1.1. Wozu uns die Sprache dient
1.2. Wie die menschliche Sprache entstanden ist
1.3. Wie die Sprache funktioniert
1.4. Warum nicht alle Sprachen gleich sind
1.5. Was Sprache und Denken miteinander verbindet
1.6. In welchen Erscheinungsformen uns die Sprache begegnet

– *Schulaufsatz*

Was halte ich vom Rauchen?
1. Das Rauchen nimmt heutzutage immer mehr zu
2. Meine eigenen Erfahrungen mit dem Rauchen
  2.1. Wie ich selbst zum Rauchen kam
  2.2. Warum ich mir das Rauchen angewöhnte
    – Beispiel der Mitschüler
    – Vorbild der Erwachsenen
    – Einfluß von Film und Fernsehen
  2.3. Die nachteiligen Folgen des Rauchens
    – für die Gesundheit
    – für das Aussehen
    – für den Geldbeutel
    – für das Familienleben
3. Man sollte sich das Rauchen abgewöhnen

– *Tabelle*

Präsens:	das Fenster wird geöffnet
Präteritum:	das Fenster wurde geöffnet
Perfekt:	das Fenster ist geöffnet worden
Plusquamperfekt:	das Fenster war geöffnet worden
Futur I:	das Fenster wird geöffnet werden
Futur II:	das Fenster wird geöffnet worden sein

– *Programmzettel*

Don Carlos

Oper in vier Akten und einem Vorspiel
Text von Josephe Miry und Camille du Locle

Deutsche Übertragung von Hans Swarowsky
MUSIK VON GUISEPPE VERDI

Musikalische Leitung: Heinz Fricke
Inszenierung: Christian Pöppelreiter
Bühnenbild: Wilfried Werz
Kostüme: Christine Stromberg
Chöre: Ernst Stoy

Philipp II., König von Spanien	Theo Adam
Don Carlos, Infant von Spanien	Jewgeni Schapin
Rodrigo, Marquis von Posa	Wolfgang Hellmich
Der Großinquisitor	Fritz Hübner
Ein Mönch	Heinz Reeh
Elisabeth von Valois	Celestina Casapietra
Die Prinzessin Eboli	Gisela Schröter
	⋮

– *Aufzählung*

> Wir stellen ein:
> Maschinenschlosser
> Reinigungskräfte
> Kraftfahrer
> Pförtner im Schichtdienst

– *Formular* (Schulzeugnis)

Deutsche Sprache und Literatur:	gut
Russisch:	sehr gut
Englisch:	sehr gut
Mathematik:	gut
Physik:	befriedigend

In Gliederungen und Inhaltsangaben stehen auch vollständige Aussagesätze in der Regel ohne Schlußpunkt. Nach umfangreicheren Aufzählungsgliedern kann man jedoch ein Komma und dann am Ende der Aufzählung einen Punkt setzen:

> Ein Fahrzeugführer darf nicht überholen
> a) an unübersichtlichen oder aus anderen Gründen gefährlichen Stellen,
> b) wenn er beim Beginn des Überholvorganges von einem anderen Fahrzeug überholt wird,

c) wenn an dem zu überholenden Fahrzeug die Änderung der Fahrtrichtung auf der Überholseite angezeigt ist,

d) wenn der Gegenverkehr ein gefahrloses Überholen, einschließlich Wiedereinordnen, nicht zuläßt,

e) wenn zu anderen Verkehrsteilnehmern, Hindernissen oder getriebenen Tieren kein ausreichender seitlicher Abstand eingehalten werden kann.   (Straßenverkehrsordnung)

Der Punkt in Verbindung mit anderen Satzzeichen

Der Punkt als Satzschlußzeichen nimmt in der Rangordnung der Satzzeichen ebenso wie das Fragezeichen und das Ausrufezeichen die höchste Stufe ein. Punkt, Fragezeichen und Ausrufezeichen schließen einander aus, Semikolon und Komma werden durch einen Punkt aufgehoben. Demnach kommt der Punkt nur in Verbindung mit Gedankenstrich, Klammern und Anführungszeichen vor.

R 13   Ein Gedankenstrich steht in der Regel nach dem Punkt:

Laß, sagte Lutz, bleib hier. – Aber warum denn bloß?   (Chr. Wolf)

„Ich habe mich auf Daheim gefreut, und wir sind müde, schrecklich müde." – (A. Seghers)

Wenn der Gedankenstrich das Verschweigen eines Gedankenabschlusses kennzeichnet, so kann er auch vor dem Schlußpunkt stehen:

„Dann hat er also den Bettler angesch–." Martin wurde rot.   (E. Welk)

Ein in Gedankenstriche eingeschlossener Aussagesatz wird ohne Punkt geschrieben:

Unterwegs zur Erledigung des Weiteren – sie marschierten im Takt nebeneinander – sagte Wiebel mit straffer Todesverachtung: …   (H. Mann)

R 14   Der Punkt steht vor dem schließenden Anführungszeichen, wenn er zur direkten Rede oder zum Zitat gehört:

„Weil ich gut zu allen bin, glauben alle, sie dürfen auf mir herumtreten."   (L. Feuchtwanger)

Ihr Wahlspruch lautete: „Morgenstunde hat Gold im Munde."

Nach dem schließenden Anführungszeichen steht jedoch ein Punkt, wenn er nicht zur Anführung, sondern zum ganzen Satz gehört:

> Und er sprach davon, „daß man den Neuanfang unseres Volkes nicht unnötig belasten sollte". (Weltbühne)
>
> Das Meisterwerk, das vor allem den Weltruhm von Anna Seghers begründete, war der Roman „Das siebte Kreuz".

Endet ein Aussagesatz mit einer Anführung, so gilt ihr Schlußpunkt zugleich für den ganzen Satz. Der Punkt, der den Aussagesatz schließen müßte, fällt weg:

> Nach dem ersten Stück Kuchen sagte sie bereits: „Ich kann nicht mehr."

R 15 Der Punkt steht nach der schließenden Klammer, wenn er sich auf den ganzen Satz bezieht:

> An einem bißchen Prügel ist noch kein Mensch gestorben (wörtliches Zitat). (Chr. Wolf)
>
> Man denke an die Sprache eines Schriftstellers (Goethe stellt ein klassisches Beispiel dar).

Wenn ein selbständiger Satz eingeklammert ist, steht der Punkt vor der schließenden Klammer:

> Es klang so kreatürlich befreit wie bei einem Pferd, das nach einem scharfen Ritt im Stall verschnauft. (Sie hätte mir den Vergleich nicht im geringsten verübelt.) (E. Agricola)

R 16 Steht eine Abkürzung mit Punkt am Ende eines Aussagesatzes, so gilt der Abkürzungspunkt gleichzeitig als Satzschlußpunkt:

> Seit 1970 trägt sie den Titel Dr. sc. phil.

Nach Abkürzungen ohne Punkt wird dagegen der Satzschlußpunkt gesetzt:

> Das chemische Symbol für Natrium ist Na.

R 17 Stehen drei Auslassungspunkte am Ende eines Aussagesatzes, so setzt man danach keinen Satzschlußpunkt:

> Nicht soll länger leben, was sterben muß … (E. Claudius)

1.2. Das Fragezeichen

Wie der Punkt ist auch das Fragezeichen ein Satzschlußzeichen. Es ist historisch jünger als Punkt, Kolon und Komma, jedoch bedeutend älter als das Ausrufezeichen. Es konnte ursprünglich sowohl als Satz- wie als Versschlußzeichen gebraucht werden. Seine spezielle Funktion als Fragekennzeichen erhielt es erst bei den Grammatikern des 16. Jh. zugewiesen und wurde zunächst als *Interrogativus* (Riederer 1433), *fragender punct* (Pleningen 1515) und schließlich als *frag zaichen* (Ickelsamer 1534) bezeichnet. Seit Adelung (1781) wird das Fragezeichen neben dem Ausrufezeichen zu den „Tonzeichen" gerechnet im Gegensatz zu den „Satzteilzeichen" Punkt, Komma, Semikolon und Doppelpunkt. Die ursprüngliche Funktion des Fragezeichens, dem Vorleser als Signal zur Hebung der Stimme am Satzende zu dienen, bleibt demnach im Bewußtsein der Sprachgemeinschaft länger lebendig als die entsprechende Signalfunktion beim Punkt, obwohl die Stimmführung beim Fragesatz durchaus verschieden sein kann. Der als „Frageton" bekannte Hochschluß ist nur für die Entscheidungsfrage charakteristisch:

> Er kam gestern an?   Du warst in Rostock?
>
> Kam er gestern an?   Warst du in Rostock?

Dagegen wird bei der mit einem Fragewort eingeleiteten Ergänzungsfrage, wenn es dem Sprecher nur um eine Erkundigung geht (Informationsfrage), die Stimme wie bei der reinen Aussage am Schluß gesenkt:

> Wann kommt er an?
>
> Er kam gestern an.

Der Frageton ist allerdings das sichere und entscheidende Kennzeichen eines Fragesatzes, wenn seine anderen beiden Charakteristika, nämlich das Auftreten von Fragewörtern und die Spitzenstellung des finiten Verbs, fehlen:

> Sie haben meinen Brief erhalten?

Der Fragesatz ist ebenso wie der Aussagesatz eine abgeschlossene Mitteilungseinheit. Das Fragezeichen am Ende eines Fragesatzes hat demnach eine Doppelfunktion: wie der Punkt zeigt es das Ende einer Aussage an, und zwar in der Regel definitiver als der Punkt beim Aussagesatz. Durch ein Fragezeichen wird zugleich angekündigt, daß die Mitteilung im Augenblick nicht weiter fortgesetzt werden soll, sondern daß eine Antwort, d. h. eine Mitteilung von anderer Seite, erwartet wird. Damit weist das Fragezeichen darauf hin, daß die abgegrenzte Mitteilungseinheit eine direkte Frage enthält.

Das Fragezeichen ist wie der Punkt ein Grenz- und Gliederungszeichen. Die abgegrenzten Einheiten sind Ganzsätze, die einfach oder zusammengesetzt sein können:

> Wo warst du? Hast du schon gehört, was passiert ist? Hätte er
> nicht besser aufpassen können, und war nicht im Grunde alles
> seine eigene Schuld?

Im Gegensatz zum Punkt kann das Fragezeichen jedoch auch innerhalb eines Ganzsatzes am Ende der direkten Rede stehen, wenn der Satz danach noch weitergeführt wird:

> „Habt ihr schon Brot geholt?" fragte die Mutter.

Die Kennzeichnung des Abschlusses eines Fragesatzes ist die Hauptfunktion des Fragezeichens. Allerdings können auch einzelne Wörter, Wortgruppen oder Teilsätze als Fragen gekennzeichnet werden:

> Tatsächlich? Wie teuer? Heute abend? Ob er heute wieder zu
> spät kommt?

Doch handelt es sich in allen diesen Fällen um verkürzte Fragesätze, die als relativ selbständige, in sich abgeschlossene Mitteilungen aufzufassen sind.

Das Fragezeichen bei direkten Fragen

■ **R 18**   Das Fragezeichen steht am Ende eines Satzes, um ihn als direkte Frage zu kennzeichnen:

> Warum kommst du so spät nach Hause? Hast du heute schon
> die Zeitung gelesen? Könnten Sie mir sagen, wann der nächste
> Zug nach Dresden fährt? Kommst du heute abend mit ins
> Kino? Wie soll ich das verstehen? Sie haben doch sicher nichts
> dagegen, daß ich das Fenster öffne? Was kostet dieses neue
> Modell? Wer hat den Raum zuletzt verlassen? Was möchtet ihr
> trinken: Bier, Wein oder Apfelmost? Wann und wo treffen wir
> uns? Sie haben mein Telegramm erhalten? Den linken Arm
> hat er sich gebrochen?

R 19 Auch nach verkürzten Fragesätzen und nach einzelnen Fragewörtern steht ein Fragezeichen:

> Tatsächlich? (= Stimmt das tatsächlich?)
> Was tun? (= Was sollen wir tun?)
> Fertig? (= Seid ihr fertig?)
> Woher nehmen? (= Woher sollen wir das nehmen?)
> Wohin damit? (= Wo sollen wir damit hin?)
> Verstanden? (= Hast du mich verstanden?)
> Er kommt heute. – Mit welchem Zug?
> Ich möchte eine Strumpfhose. – In welcher Größe?
> Bitte einmal Leipzig und zurück. – 1. oder 2. Klasse?
> Bringen Sie mir bitte eine Tasse Kaffee. – Mit oder ohne Zukker?
> Ich war 14 Tage im Ausland. – Wo?
> Warum? Weshalb? Wofür?

R 20 Bei mehreren nebeneinanderstehenden Fragewörtern setzt man das Fragezeichen in der Regel nur nach dem letzten Fragewort:

> Sprachkultur – warum, wozu? (Buchtitel)
> Wie, was, Wo?

Soll jedoch jedes einzelne Fragewort besonders hervorgehoben werden, so setzt man nach jedem von ihnen ein Fragezeichen:

> Wie? Was? Wo?

R 21 Nach Fragewörtern innerhalb des Satzes steht nur ein Fragezeichen, wenn sie besonders hervorgehoben werden:

> Auf die Frage „Wo?" steht im Deutschen der Dativ, auf die Frage „Wohin?" der Akkusativ.

Wird ein Fragewort nicht unmittelbar in den Fragesatz einbezogen, so wird es durch Komma abgegrenzt:

> Wie, das hast du nicht gewußt?
> Da staunst du, was?

Erst bei besonderer Hervorhebung des Fragewortes steht auch hier ein Fragezeichen:

> Wie? Das hast du nicht gewußt?

R 22   Das Fragezeichen steht auch nach rhetorischen Fragen, auf die keine Antwort erwartet wird, und nach Nebensätzen, die als Frage formuliert sind (vgl. R 4):

> Habe ich dir das nicht schon hundertmal gesagt? Wie oft soll ich dir das noch verbieten? Glaubst du, ich bin schwerhörig? Wer hätte das für möglich gehalten? Ob er heute wieder zu spät kommt? Wenn es nun aber morgen regnet?

R 23   Das Fragezeichen steht auch am Ende eines angeführten Fragesatzes, wenn der Satz danach noch weitergeführt wird (vgl. R 5):

> „Habt ihr heute schon Brot geholt?" fragte die Mutter.
> „Was hat denn da auch ein Korb auf dem Tisch zu stehen?" brummelte Martin und versuchte, einen Scherben wieder in den Rahmen der Tafel zu passen.   (E. Welk)

Das nach dem Fragezeichen folgende Wort wird klein geschrieben, wenn es sich nicht um ein Substantiv oder einen Eigennamen handelt.

R 24   Das Fragezeichen steht auch bei Titeln und Überschriften in Frageform:

> Wieviel Erde braucht der Mensch?
> Wo warst du, Adam?
> Was heißt und zu welchem Ende studiert man Universalgeschichte?
> Verstehst du deinen Hund?   (Buchtitel)
> Wie steht es mit dem Essen in der Nachtschicht?   (Zeitungsüberschrift)
> Was halte ich vom Rauchen?   (Aufsatztitel)

Fragesätze ohne Fragezeichen

R 25   Bei indirekten Fragesätzen richtet sich das Schlußzeichen nach der Funktion des übergeordneten Satzes (vgl. R 2):

> Ich werde mich erkundigen, wann der nächste Zug fährt.   (Aussagesatz)
> Wer weiß, wann der nächste Zug fährt!   (Ausrufesatz)
> Weißt du, wann der nächste Zug fährt?   (Fragesatz)

R 26 Nach einer Aufforderung oder einem Ausruf in der Form eines Fragesatzes steht statt des Fragezeichens ein Ausrufezeichen:

> Könnt ihr nicht einen Augenblick warten!
> Wie oft habe ich dir das schon verboten!
> Was machst du bloß für Sachen! Warum habt ihr nicht auf mich hören wollen! Mußt du mich denn dauernd stören! (vgl. R 41)

Das Fragezeichen in Verbindung mit anderen Satzzeichen

R 27 Nach einem eingeschalteten Fragesatz steht außer dem Fragezeichen ein Komma, wenn dieses auch ohne die Einschaltung stehen müßte:

> Fragt er: Du, sag mal, wie war eigentlich so deine Jugend? und setzt er womöglich noch hinzu: Gab's da auch Spaß bei dir?, dann darf er sich nicht wundern … (H. Kant)
> Noch heißen viele Bücher: „Ich stehe kopf – was tun Sie?", aber das wird sich legen. (K. Tucholsky)

R 28 Soll die Frage gleichzeitig als Ausruf verstanden werden, so kann nach dem Fragezeichen noch ein Ausrufezeichen stehen (vgl. R 49):

> „Da hört doch alles auf, ich?!" Frau Pastor verteidigte sich mit Entschiedenheit dagegen, das Tier vorher auch nur gesehen zu haben. (E. Welk)

R 29 Wird eine Frage in Gedankenstriche eingeschlossen, so steht das Fragezeichen vor dem zweiten Gedankenstrich:

> Die Frau auf der Treppe – wie grüßt man auf polnisch? – wirst du nicht behelligen müssen. (Chr. Wolf)
> Aber daß sie da saß und Pekinesen im Arm hatte – wer im Dorf besaß solche? –, richtete den Pascha wieder auf. (E. Claudius)

Nach einem Fragezeichen am Ende eines Fragesatzes kann ein Gedankenstrich zu einer weiteren Frage oder zu der darauf folgenden Antwort überleiten:

Aber müssen wir deshalb auf alles Erreichte verzichten? – Was kommen mir überhaupt für Gedanken? (E. Agricola)

Wer soll es denn machen? Wir selbst? – Gewiß. Wir selbst. (A. Seghers)

Ein Gedankenstrich vor dem Fragezeichen deutet auf den Abbruch der Frage hin:

Es ziemt sich, auf das Grab dieses großen Schriftstellers einen Kranz zu legen. Aus welchen Blumen –? (K. Tucholsky)

R 30 Ebenso wie der Gedankenstrich bilden die Auslassungspunkte nach dem Fragezeichen den Übergang zu einer weiteren Frage oder Aussage:

Bist du schon mal im Theater gewesen? … Im ‚Fidelio‘? (Th. Mann)

„Was wollen Sie denn? … Ich bin doch selbst Armenierin, weil ich einen Armenier geheiratet habe …“ (F. Werfel)

Bei Abbruch einer Frage stehen die Auslassungspunkte vor dem Fragezeichen:

„Soll ich jetzt …? Primaner Sattmann fragte, ob was weg sein täte aus dem Fundsachenschrank …“ (E. Agricola)

R 31 In der direkten Rede steht das Fragezeichen vor dem schließenden Anführungszeichen:

„Wer singt denn da so fromm und ehrlich?“ fragte Petrus, der Himmelspförtner, verwundert … (E. Welk)

„Verflixt! Wo ist denn nun wieder mein Schlüsselbund?“ (E. Agricola)

Nach dem schließenden Anführungszeichen steht das Fragezeichen, wenn es sich nicht auf die Anführung, sondern auf den ganzen Satz bezieht:

Kennst du Thomas Manns Roman „Buddenbrooks“?

Wer singt die Titelrolle in „Aida“?

Endet ein Fragesatz mit einer Anführung, die bereits ein Fragezeichen enthält, so muß danach noch ein Fragezeichen gesetzt werden:

Wie gefällt dir Heinrich Bölls Roman „Wo warst du, Adam?“?

R 32 Bei einer eingeklammerten Frage steht das Fragezeichen vor der schließenden Klammer:

> Der echte Bibliophile liebt mehr als Form und Inhalt eines Buches seine Existenz; er muß es erst gar nicht lesen. (Verhält es sich nicht mit jeder großen Liebe ähnlich?) (F. Werfel)
> Du wolltest mir (erinnerst du dich noch?) das Buch leihen.

Das Fragezeichen steht jedoch nach der schließenden Klammer, wenn es sich auf den ganzen Satz bezieht:

> Wann äußerst Du Dich denn nun zu meinem Vorschlag (vgl. meinen Brief vom 25. 3. 84)?

Ein in Klammern eingeschlossenes Fragezeichen bedeutet eine Infragestellung des vorangehenden Wortes:

> Er wollte das Geld gefunden (?) haben.

1.3.   Das Ausrufezeichen

Das Ausrufezeichen gehört wie der Punkt und das Fragezeichen zu den Satzschlußzeichen; im Gegensatz zum Punkt kann es jedoch auch am Ende einer direkten Rede stehen, wenn der Satz danach noch weitergeführt wird.

Das Ausrufezeichen ist zuerst im 15. Jh. nachweisbar, wo es eine sinntrennende Funktion erfüllte und meist *Coma* genannt wurde. Bei Riederer (1493) erhielt es den Namen *Exclamativus* oder *admirativus*; er gebrauchte es, um einer Verwunderung, die scharf akzentuiert wird, Ausdruck zu geben. Erst in Ratkes Schriften (1612–1630) wird das „Ausruffungszeichen" auch in seiner Bedeutungsfunktion präzisiert: es steht nach „ausrufenden, wünschenden und Verwunderungs-Sprüchen". Bei den deutschen Barockgrammatikern Gueintz, Schottel, Harsdörffer, Girbert und Stieler wird es deshalb auch *Verwunderungszeichen* genannt.

Wie das Fragezeichen wird auch das „Ausrufungszeichen" von Adelung (1781) zu den „Tonzeichen" gerechnet. Dabei gibt es im Grunde weder für den Ausruf noch für die Aufforderung und den Befehl einen typischen, vom Aussagesatz oder der Ergänzungsfrage verschiedenen Tonhöhenverlauf:

> Der Besuch kommt erst heute.
> Das ist ja herrlich heute!

Geh mir aus dem Wege!
Wo warst du denn heute?

Aufforderungen mit warnendem Unterton können dagegen
ebenso wie Entscheidungsfragen mit Frageton gesprochen werden:

Mach deine Rechnung mit dem Himmel, Vogt!   (Schiller)

Es kann demnach beim Ausrufezeichen noch weniger als beim
Punkt und Fragezeichen um die Markierung eines bestimmten,
für Ausrufe, Aufforderungen und Befehle typischen Intona-
tionsverlaufs gehen. Vielmehr hat auch dieses Zeichen eine
Doppelfunktion: wie der Punkt und das Fragezeichen markiert
es die Grenze und den Abschluß einer Mitteilungseinheit, in
der Regel eines Ganzsatzes. Darüber hinaus signalisiert es dem
Lesenden eine bestimmte kommunikative Einstellung des
Schreibenden in einer bestimmten kommunikativen Situation:
die Aussage erhält eine besondere Eindringlichkeit und Expressivität, sie appelliert nachdrücklich an die Aufmerksamkeit des
Lesenden.
Wie der Punkt und das Fragezeichen ist das Ausrufezeichen ein
Grenz- und Gliederungszeichen, die abgegrenzten Einheiten
sind Ganzsätze. Ein Ausrufezeichen nach Einzelwörtern, Wortgruppen oder Teilsätzen verleiht diesen den Charakter einer
selbständigen, in sich abgeschlossenen Mitteilung:

Komm her!   Vorsicht!   Au!

Nur am Ende der direkten Rede kann das Ausrufezeichen auch
innerhalb eines Ganzsatzes stehen, wenn der Satz danach noch
weitergeführt wird:

„Das Mittagessen ist fertig!" rief die Mutter.

Syntaktisch gesehen, handelt es sich bei den durch das Ausrufezeichen abgegrenzten Sätzen um zwei verschiedene Satzarten:

1. Ausrufesätze, bei denen die gebeugte Verbform wie beim
Aussagesatz in Kernstellung stehen kann:

Das hätte ich nicht von dir gedacht!

2. Aufforderungssätze, bei denen die gebeugte Verbform wie
beim Fragesatz in Spitzenstellung steht:

Schlagt eure Hefte auf!

Die Imperativform des Verbs bietet hier noch eine zusätzliche Information.

Die Leistung des Ausrufezeichens für das Erkennen der Satzart durch den Lesenden ist demnach bei der ersten Gruppe weitaus wichtiger und unentbehrlicher als bei der zweiten Gruppe.

Das Ausrufezeichen nach Aufforderung oder Wunsch

R 33 Das Ausrufezeichen steht nach Aufforderungen, Befehlen, Verboten oder Drohungen:

> Schlagt eure Hefte auf! Bitte, nehmen Sie doch Platz! Stillgestanden! Auf, marsch, marsch! Los! Rauchen verboten! Laßt uns keine Zeit verlieren! Ruhe! Bitte nicht stören! Wir wollen das Beste hoffen! Paß doch auf! Hilfe! Laß das! Tempo! Trink nicht soviel! Mach, daß du rauskommst! Greift doch zu! Benimm dich! Pst! Pst! Vorwärts! Hab keine Angst! Halt! Laß das sein! Hierher! Merken Sie sich das gefälligst! Achtung! Moment! Stellt euch das vor! Bitte eine Tasse Kaffee! Laß dich hier nicht wieder blicken! Na warte! Komm du mir mal nach Hause! Wehe, wenn ich dich noch einmal erwische! Du sollst mich kennenlernen!

R 34 Mehrere aufeinanderfolgende Befehlswörter können durch Komma abgegrenzt werden. Das Ausrufezeichen steht dann nur nach dem letzten Befehl:

> Auf, marsch, marsch! Auf die Plätze, Achtung, fertig, los!

R 35 Wird der Satz nach einer Anführung noch weitergeführt, schreibt man das folgende Wort nach dem Ausrufezeichen klein, wenn es sich nicht um ein Substantiv oder einen Eigennamen handelt:

> Gib acht, wenn du über die Straße gehst!" rief die Mutter.
> „Los!" befahl Martin. „Eins, zwei, drei, vier!" (E. Welk)
> Sie hatten: „Brot! Arbeit!" geschrien, bis er gekommen war. (A. Seghers)
> „Wie furchtbar sie leiden muß!" flüsterte er. (Th. Mann)
> „Und ob der jetzt arbeitet!" sagte der Mensch namens Kasten. (H. Kant)

R 36 Das Ausrufezeichen steht nach Wunschsätzen und Grußformeln:

> Wäre ich doch zu Hause geblieben! Hätten wir das nur eher gewußt! Wenn er nur den Zug nicht verpaßt hat! Hoffentlich sehen wir uns bald wieder! Ich wollte, der morgige Tag wäre schon vorbei! Ich will aber nicht Minister werden! (H. Kant) Auf Wiedersehen! Glückliche Reise! Gute Fahrt! Schönes Wochenende! Alles Gute! Gute Besserung! Guten Morgen! Guten Appetit! Prost! Frohe Ostern! Herzlichen Glückwunsch! Glück auf!

R 37 Nach Aufforderungs- und Wunschsätzen steht statt des Ausrufezeichens ein Punkt, wenn sie von Aussagesätzen abhängig sind oder ohne besonderen Nachdruck gelesen werden sollen (vgl. R 2 und R 3):

> Er forderte ihn auf, die Wohnung sofort zu verlassen. Ich wünschte, die Prüfung wäre erst vorbei. Rufen Sie bitte später noch einmal an. Hoffentlich geht es Ihnen gesundheitlich wieder besser.

Das Ausrufezeichen nach Ausrufen und Ausrufesätzen

R 38 Das Ausrufezeichen steht als Ausdruck lebhafter Empfindungen (Erstaunen, Freude, Begeisterung, Entzücken, Bedauern, Sorge, Schmerz, Wut) sowie nach Feststellungen, Behauptungen, Beteuerungen und Beschimpfungen mit besonderem Nachdruck:

> Ach, du meine Güte! So eine Frechheit! Wie niedlich! Du Ärmste! Donnerwetter! Oh, wie schade! Pfui Teufel! Au! Ja! Nein! Wahrhaftig! Gewiß! Richtig! Zweifellos! Unglaublich! Unsinn! Keineswegs! Keine Spur! Ehrenwort! Desto besser! Was für ein Unglück! Dieser elende Schurke! So ein Flegel! Ha! Basta! Das ist ja großartig! Das kann doch nicht möglich sein! „O Fräulein, sind Sie aber schön!" (H. Kant) Das hast du nun davon! Das ist doch kaum zu glauben! Und das will ein gebildeter Mensch sein! Das geht dich gar nichts an! Davon verstehst du nichts! Das hättest du nicht tun sollen! Ich kann doch nichts dafür! Nur du kannst mir helfen! Das werde ich dir nie vergessen! Das verstehe ich nicht! Wie sehr hatte er sich

später in besseren und stärkeren Stunden darüber geschämt, daß er in den schlaflosen Nächten von damals sich empört, voll Ekel und unheilbar verletzt gegen die häßliche und schamlose Härte des Lebens aufgelehnt hatte! (Th. Mann) Wie wohlwollend die Verwandten ihm zulächelten! Der Schwager stieß mit ihm an. Was für gute Menschen! Und Agnes, die süße Agnes liebte ihn! Er verdiente so viel nicht! (H. Mann)

R 39 Beginnt ein Satz mit einer Interjektion, auf der kein besonderer Nachdruck liegt, so wird sie in der Regel durch ein Komma hervorgehoben, und das Ausrufezeichen steht erst am Ende des ganzen Satzes:

> Ach, wer hätte das gedacht! Pfui, schäme dich! Au, du tust mir weh! Nein, meine Suppe eß ich nicht! (Struwwelpeter)

Aber mit besonderem Nachdruck:

> Au! Du tust mir weh!

R 40 Bei mehreren Interjektionen steht das Ausrufezeichen ebenfalls nur am Schluß, wenn nicht auf jeder einzelnen ein besonderer Nachdruck liegt:

> Na, na, kannst du nicht aufpassen! Doch, doch! Nein, nein, und abermals nein!

Aber mit besonderem Nachdruck:

> Da rief die Frau: „O wei! O wei!" (Struwwelpeter)

R 41 Ausrufe in Form eines Fragesatzes schließen mit einem Ausrufezeichen (vgl. R 26):

> Wie konntest du mich dermaßen erschrecken! Was soll bloß aus dir werden! Wer hätte gedacht, daß dieser Tag so enden würde! Haben sich die Zeiten verändert! Warum mußte man jetzt mit diesem Vorschlag an ihn herantreten, ihn aus seiner klugen Resignation vor der Zeit aufstören und ihn mit Zweifeln und Bedenken erfüllen! (Th. Mann) Ob dies zutraf, wer will es sagen! (Th. Fontane)

R 42 Das Ausrufezeichen steht auch nach Überschriften, Schlagzeilen und Buchtiteln in Form von Aufforderungen oder Ausrufen (vgl. R 24):

Die Gefahr eines nuklearen Krieges abwenden!

Venedigs Kunstschätze in akuter Gefahr!
Von unserem Italien-Korrespondenten Dieter Wolf

(Zeitungsüberschriften)

Die Waffen nieder!   (Romantitel)

Das Ausrufezeichen nach der Anrede und in Briefen

R 43   Das Ausrufezeichen steht nach der hervorgehobenen Anrede:

> Sehr geehrter Herr Präsident, meine Damen und Herren!
> Kolleginnen und Kollegen! Liebe Freunde!
> „Herr Buddenbrook!" sagte Doktor Mantelsack und starrte ihn mit seinen saphirblauen, hervorquellenden Augen an. (Th. Mann)
> „Papa! Heute ist es schön, heute geht es mir aber wirklich gut." (H. Mann)
> „Ja, du ausgemachter Besen! Du Drachen! Du Biest!" (E. Claudius)

R 44   Beginnt ein Aufforderungssatz mit einer Anrede, so steht das Ausrufezeichen in der Regel erst am Ende des ganzen Satzes, und die Anrede wird durch ein Komma hervorgehoben (vgl. R 118):

> Kraftfahrer, haltet Abstand! Journalisten, näher ans Leben! (H. Kant)
> Fliehe dahin, Zeit, eile dich doch! (H. Fallada)
> „Halt den Mund", sagte Wolzow, „Sepp, gib endlich das Zeichen!" (D. Noll)

Bei besonderer Betonung kann statt des Kommas nach der Anrede ein Ausrufezeichen stehen, ebenso nach jedem Glied einer mehrteiligen Anrede:

> „... Ingeborg! Erika! Nehmen Sie sich zusammen! ..." (E. Agricola)
> Sehr geehrter Herr Präsident! Meine Damen und Herren!
> „Agnes! Agnes, ich liebe dich", sagte er wie aus tiefer Not. (H. Mann)

R 45 Das Ausrufezeichen steht meist nach der Anrede am Briefanfang. Danach wird das folgende Wort groß geschrieben:

> Sehr geehrter Herr Dr. Müller!
> Für Ihren Brief vom 23. 4. danke ich Ihnen vielmals.

Hinter der Briefanrede kann statt des Ausrufezeichens ein Komma stehen (vgl. R 120).
Nach dem Komma wird das erste Wort des Brieftextes klein geschrieben, wenn es sich dabei nicht um ein Substantiv oder einen Eigennamen handelt:

> Lieber Heinz,
> endlich komme ich dazu, Deinen letzten Brief zu beantworten.

R 46 Nach Grußformeln am Briefende steht kein Ausrufezeichen:

> Mit freundlichen Grüßen
> Ihre Redaktion „Sprachpflege"
>
> Mit vorzüglicher Hochachtung
> Günter Wolf

Drücken diese Grußformeln jedoch einen Wunsch aus, so muß das Ausrufezeichen stehen:

> Auf baldiges Wiedersehen!
> Deine Tante Helene
> Glück auf!
> Prosit Neujahr!
> Herzlichen Glückwunsch!
> Deine Eltern

Das Ausrufezeichen in Verbindung mit anderen Satzzeichen

R 47 Nach einem eingeschalteten Ausruf steht nach dem Ausrufezeichen ein Komma, wenn dieses auch ohne die Einschaltung stehen müßte:

> „Man hat mir", sagte er, „schon tausendmal entgegengeschrien: Niemals!, und die Schreier haben nur die Luft erschüttert." (L. Feuchtwanger)
> Für einen Menschen, der beim Essen nur denkt: Hauptsache

satt!, ist es vielleicht nicht so schlimm, wenn man ihn durch einen Schlauch mit Schleimsuppe vollkippt, aber mein Mann hatte soviel Spaß am Essen.   (H. Kant)

Die Feststellung: JUNORAUCHER SIND OPTIMISTEN!, die in erfreulichem Fettdruck wochenlang den unteren Zeitungsrand entlanglief, bezog Bruno Jordan direkt auf sich: Er rauchte Juno, und er war Optimist.   (Chr. Wolf)

R 48   Soll ein Ausruf gleichzeitig als Frage verstanden werden, so kann nach dem Ausrufezeichen noch ein Fragezeichen stehen (vgl. R 28):

Und dort neben dem Klavier brannten sogar in hohen Standleuchtern zwei bemalte Wachsstöcke wie in der Kirche. Ob das nicht zu weit ging!?   (F. Werfel)

R 49   Mehrfache Ausrufezeichen verleihen einer Aufforderung oder einem Ausruf besonderen Nachdruck:

Martin stieß einen schrecklichen Schrei aus, daß sie alle im Haus auffuhren: „Mutter!!!!!"   (E. Welk)

Man sollte dieses Stilmittel jedoch nur dann verwenden, wenn eine starke Wirkung erzielt werden soll.

R 50   Wird ein Ausruf in Gedankenstriche eingeschlossen, so steht das Ausrufezeichen vor dem zweiten Gedankenstrich:

Und es muß immerhin bemerkt werden, daß die alten Machthaber – ach, wären sie alt! – dieses Buch von ihrem Standpunkt aus mit Recht verboten haben: denn es ist ein gefährliches Buch.   (K. Tucholsky)

Es gab ein einzugsbereites Zimmer, es gab ein gutbürgliches Frühstück mit drei weichen Eiern – drei pro Person! – und Erdbeerkonfitüre.   (E. Agricola)

Nach einem Ausrufezeichen am Ende eines Ausrufs kann ein Gedankenstrich einen unvermittelten Übergang, einen Gedankensprung ankündigen:

… und ein Prozeß, dessen Ausgang nicht abzusehen war, war gegen ihn im Gange! – Was wurde ihm zur Last gelegt? – (Th. Mann)

Der Chef sagt, wenn er morgens zur Tür hereinkommt: „Das Schild da müßte mal erneuert werden!" – Noch niemals ist es

einem Chef gelungen, diesen Wunsch in die Wirklichkeit um-
zusetzen.   (K. Tucholsky)

Gedankenstriche vor dem Ausrufezeichen deuten einen unvoll-
endeten Ausruf an:

„Eins, zwei, drei, vier –!" rief Martin, und es machte nichts
aus, daß einige schon bei „drei" einfielen, das waren mehr die
Kleinen.   (E. Welk)
„Ja, wie der Alte noch da war – –!" (K. Tucholsky)

R 51   Auslassungspunkte nach dem Ausrufezeichen leiten zu
einem neuen Gedanken über:

Es gab am Orte eine Firma, die in diesem Falle infolge von
persönlichen Verbindungen denn doch die Vorhand hatte! ...
In der Tat, das Persönliche war hier das Entscheidende.
(Th. Mann)
„Vertrauen und schweigen! ... Du wirst mich viele Monate
nicht sehen ..."   (F. Werfel)

Vor dem Ausrufezeichen deuten die Auslassungspunkte einen
unterbrochenen Ausruf an:

„Ich bitte Sie ...! Aber ich muß doch sehr bitten!" unterbrach
man sie von verschiedenen Seiten.   (E. Agricola)
Die Männer ...!? Lächerlich! Ihre Gefühle gehen oft kaum bis
zu den eigenen Armen, Lippen, geschweige bis zum
Herz.   (E. Claudius)
„Wir werden ja sehen, und wehe demjenigen ...!"   (Th. Mann)

R 52   Bei einem eingeklammerten Ausruf steht das Ausrufezeichen vor der schließenden Klammer:

In der Mitte das kräftige Goldgelb, das die Hängelampe (Mein
Gott! Die alte Wachspapiertüte!) auf den weißen Tisch
wirft.   (Chr. Wolf)
Nie noch war sie böse über diese Blicke. (Wenn es überhaupt
möglich ist, daß eine Frau über solche Worte in den Blicken
böse sein kann!)   (E. Claudius)

Das Ausrufezeichen steht jedoch nach der schließenden Klammer, wenn es sich auf den ganzen Satz bezieht:

Oft genug werden wir auch selbst schon unseren Nächsten aufgefordert haben: „Laß mich doch endlich mal in Ruhe lesen
(oder: schreiben, sitzen usw.)!"   (D. Faulseit/G. Kühn)

Das eingeklammerte Ausrufezeichen innerhalb des Satzes kennzeichnet eine Angabe, die bezweifelt wird oder besonders hervorgehoben werden soll:

> Er will ohne Unterbrechung 20(!) Stunden unterwegs gewesen sein.

R 53 In der direkten Rede steht das Ausrufezeichen vor dem schließenden Anführungszeichen:

> „Das ist der Anführer von neulich!" rief einer, und sie kamen näher. „Kummerower Heiden! Kummerower Heiden!" (E. Welk)
> Sie sitzt im Vorzimmer und sagt: „Herr Hannemann hat jetzt keine Zeit!", auch, wenn er gar nicht da ist. (K. Tucholsky)
> Ich faßte den SA-Mann am Arm, ich sagte: ‚Nicht!', aber niemand gab mehr auf mich acht. (A. Seghers)

Nach dem schließenden Anführungszeichen steht das Ausrufezeichen, wenn es sich nicht auf die Anführung, sondern auf den ganzen Satz bezieht:

> Borge mir doch bitte einmal den „Zauberberg"!

1.4. Die Auslassungspunkte

Als Zeichen der abgebrochenen Rede haben sich die Auslassungspunkte verhältnismäßig spät, erst im 18. Jh., aus drei kleinen, etwas aufwärts gerichteten doppelten Querstrichen herausgebildet. Diese Querstriche wurden zum Teil so klein geschrieben, daß sie als Punkt erschienen und sich erst bei näherem Hinsehen als Doppelstriche entpuppten. Bei H. Braun (1765) erreicht die Verwendung dieses Zeichens ihren Höhepunkt.
Auslassungspunkte als Zeichen für den Abbruch der Rede finden zuerst bei Radlof (1820) Erwähnung; er rechnet sie als „Verstummungszeichen" zu den „Tonzeichen". Der Bezug zur gesprochenen Sprache dürfte jedoch bei den Auslassungspunkten noch geringer sein als bei den übrigen Satzschlußzeichen, es sei denn, daß durch sie ein Hinweis auf die Nichtvollendung des Intonationsbogens im gesprochenen Satz angedeutet werden soll. Dies wäre aber nur der Fall, wenn sie am Ende des Satzes stehen. Die Auslassungspunkte können jedoch – wie die Anfüh-

rungszeichen und Klammern – in allen Positionen eines Satzes oder Textes auftreten; darüber hinaus können sie auch beliebige lexikalische Einheiten ersetzen. Die Auslassungspunkte vertreten ein weggelassenes Fragment eines Satzes oder Textes. Am Ende eines Satzes weisen sie auf seine lexikalische, grammatische (und nicht selten auch semantische) Unvollständigkeit hin, in der Mitte oder am Anfang eines Satzes (gewöhnlich bei Zitaten) auf die Auslassung eines Teiles des Satzes. Die Auslassungspunkte sind das einzige einfache Zeichen, das am absoluten Beginn eines Textes stehen kann.

In der Funktion, das Verschweigen eines Gedankenabschlusses am Ende des Satzes anzuzeigen, überschneiden sich die Auslassungspunkte mit dem Gedankenstrich am Satzende:

> Er sagte: „Au! Das ist aber doch eine –." Vor dem Wort „Frechheit" schrak er zurück.   (H. Mann)
>
> So wird auch verständlich, warum er sich ausgerechnet da bei dem Polen ... So etwas macht man nicht mit klarem Verstand ...   (H. Kant)

Da der Gedankenstrich außerdem noch verschiedene andere Aufgaben zu erfüllen hat, sollte dieser Bereich vornehmlich den Auslassungspunkten vorbehalten bleiben.

Auslassungspunkte bei Abbruch der Rede

■ **R 54**   Drei nebeneinanderstehende Punkte bezeichnen den Abbruch einer Rede oder das Verschweigen eines Gedankenabschlusses:

> Man muß ihn bloß genug zwiebeln, Angst ist nämlich ... Also Angst ist, weißt du ...   (Chr. Wolf)
>
> Ich muß denken, sagte er beinahe laut ... Ich muß alles ordnen, ehe es zu spät ist ...(Th. Mann)
>
> Das mit Hülsebeck ... Die Männer haben's ja leichter. Aber da, als ich dich sah ...!   (E. Claudius)
>
> Angefangen hatte es ... Ja, angefangen hatte es eigentlich gar nicht.   (K. Tucholsky)
>
> „Ich habe dich genau verstanden, jedes Wort ... Aber warum so schwermütig, mein Freund?"   (F. Werfel)
>
> Unterwegs sah er erst, daß der Brief von seiner Mutter adressiert war. Das war ungewöhnlich ...   (H. Mann)

Sie werden sogar sehr viele Ansichten hören müssen, fürchte
ich ... Darf ich Ihnen noch etwas vorschlagen? (E. Agricola)
„... Da geht man doch nicht hin und bläst sich den Brägen aus
dem ... Haben Sie eine Erklärung, Frau Groth?" (H. Kant)

Auch das Verschweigen des Satzanfangs kann durch Auslassungspunkte angedeutet werden:

Christine, Mäuschen und nur Ohr, hörte, wie er sagte: „... Bin
nie so einer gewesen. Die Polen ... bei mir waren sie gut aufgehoben. Keiner wurde geprügelt." (E. Claudius)
... Zehn, neun, acht Minuten noch. Und der Weg war weit.
(Th. Mann)
... und sagte kein einziges Wort. (H. Böll)

R 55 Ähnlich wie der Gedankenstrich können die Auslassungspunkte den unvermittelten Übergang zu etwas Neuem,
Unerwartetem andeuten (vgl. R 78):

Doch da ... Von der anderen Seite her schob sich der eben
übergebene Koffer wieder herauf. (E. Agricola)
Genau aber in dem Augenblick, da die zierliche Melodie ver-
klang, vollzog sich etwas Fürchterliches ... es brach über alle
Anwesenden herein, grausam, unerwartet, übergewaltig und
lähmend. (Th. Mann)

R 56 Die Auslassungspunkte stehen am Ende einer Aufzählung, deren Reihe noch beliebig fortzusetzen wäre:

Archivrat, Baurat ... Ab dreihundert Meter Höhe anscheinend
keiner mehr ratlos. (E. Agricola)
Mögt ihr euch noch lange freuen, morgen, übermorgen ...
(F. Werfel)
Er stand, sah angestrengt in die Luft, murmelte angstvoll: „Re-
ligion ... Lateinisch ... Chemie ..." und stopfte die defekten
und mit Tinte befleckten Pappbände zueinander ...
(Th. Mann)

R 57 Wie der Gedankenstrich stehen die Auslassungspunkte
bei einer stockend, abgerissen vorgebrachten Rede als Ausdruck
der Verlegenheit oder Erregung (vgl. R 80):

„Nein ... Herr Oberlehrer ... Herr Doktor ... Einen Schlüssel? ... Ich habe wahrhaftig keinen Schlüssel ... Sie befinden
sich im Irrtum ... Sie haben mich in einem falschen Verdacht ..." (Th. Mann)

Ich floh, wie von Furien gepeinigt ... gejagt ... wie von Furien gejagt ... und jetzt sitze ich da mit dem Mantel, und was nutzt es mir, wenn er keinen Anhänger hat.   (K. Tucholsky)

„Sie wissen wohl schon, daß es überall in der lebenden Natur zwei Geschlechter gibt ... Fräulein Gudrun-Ella, nein bitte, jetzt noch keine Zwischenfrage ... zwei Geschlechter gibt, ja so ...“   (E. Agricola)

R 58   Auch Teile von Wörtern können durch Auslassungspunkte ersetzt werden:

Wanderer, kommst du nach Spa ...   (H. Böll)

„Ein Bote ist einer, der lau... einer, der Botengänge macht.“   (H. Kant)

Im Stadion drängten sich ...zigtausend Menschen auf den Tribünen.

Auslassungspunkte bei unvollständigen Zitaten

■ **R 59**   In wörtlich angeführten Zitaten können drei Auslassungspunkte anstelle von Wörtern, Wortgruppen oder sogar ganzen Sätzen stehen, die für einen bestimmten Zweck als unwesentlich weggelassen wurden:

Fahrzeugführer müssen bei Annäherung an einen Bahnübergang ihre Fahrgeschwindigkeit so weit herabsetzen, daß sie ... die Möglichkeit haben, sich ... zu überzeugen, ob der Bahnübergang gefahrlos überquert werden kann; ...

Das vollständige Zitat aus der Straßenverkehrsordnung lautet so:

Fahrzeugführer müssen bei Annäherung an einen Bahnübergang ihre Fahrgeschwindigkeit so weit herabsetzen, daß sie entsprechend den jeweiligen Verkehrsbedingungen, Fahrbahn-, Sicht- und Witterungsverhältnissen die Möglichkeit haben, sich rechtzeitig und ausreichend zu überzeugen, ob der Bahnübergang gefahrlos überquert werden kann; erforderlichenfalls ist vor dem Warnkreuz anzuhalten.

Satzzeichen innerhalb der ausgelassenen Textstellen werden mit weggelassen, wenn sie nicht zum Verständnis des verkürzten Zitats notwendig sind.

Auslassungspunkte in Verbindung mit anderen Satzzeichen

R 60 Zu den drei Auslassungspunkten am Schluß eines Satzes tritt kein Schlußpunkt (vgl. R 17):

> Nicht soll länger leben, was sterben muß ...   (E. Claudius)

Ein vorangehender Abkürzungspunkt wird gesetzt:

> „Sagten Sie A. T., Herr Doktor? A. T. ... Agathe Trevirus, Wernigerode!"   (E. Agricola)

R 61 Außer mit dem Satzschlußpunkt können die Auslassungspunkte mit allen anderen Satzzeichen kombiniert werden. Sie stehen vor und nach dem Satzschlußzeichen, vor und nach den Anführungszeichen, nach der eröffnenden und vor der schließenden Klammer, vor dem Komma und nach dem Doppelpunkt. Auslassungspunkte und Gedankenstrich schließen einander aus:

> „Ja, dahin haben sie es gebracht, die Schurken, die Elenden ...!"   (Th. Mann)
>
> „War er von Geburt ...?" fragte ich stockend.   (H. Böll)
>
> „Hab ich dir wehgetan, dich gekränkt, dich eifersüchtig gemacht? ..."   (F. Werfel)
>
> „Ach Gott ... warum übermorgen? Eine Woche noch ... Bitte! ... Fünf Tage! ..."   (Th. Mann)
>
> „Immerhin – nicht allzuweit vom Schuß ...", brummte er halbwegs selbstzufrieden.   (E. Agricola)
>
> Er steht kurz vor seiner Beförderung zum (... nach Belieben auszufüllen).   (K. Tucholsky)
>
> (Wie damals vor der großen Zeit, als Klio die Reisenden auf dem Stettiner Bahnhof überfiel ...)   (K. Tucholsky)
>
> Nur, also ..., wissen Sie, warum die Dinge komplizieren ... (Weltbühne)
>
> ... empörte Elternpaare, Staatsanwälte: ... mit minderjährigen Schülerinnen des hiesigen FÜRSTIN-ANNA-LYZEUMS mehrfach abends im Ruhe- und Verletztenraum der erwähnten Turnhalle intime Beziehungen gehabt zu haben.   (E. Agricola)
>
> Die Töne standen im ausgesprochenen Gegensatz zu dem lustbetonten Text: „... vallerie-vallera und juchhei-rassa ..." (E. Agricola)

2. Die Satzmittezeichen

Zu den Satzmittezeichen rechnen wir Semikolon, Doppelpunkt, Komma und Gedankenstrich. Sie grenzen Teilsätze (Haupt- oder Nebensätze) zusammengesetzter Sätze, aber auch einzelne Wörter oder Wortgruppen voneinander ab.

Komma und Gedankenstrich können sowohl einzeln als auch paarweise auftreten. Als Doppelzeichen dienen sie der Hervorhebung von Teilsätzen, Wortgruppen und Wörtern innerhalb eines einfachen oder zusammengesetzten Satzes. Obwohl es sich dabei im Grunde um verschiedene Satzzeichen mit völlig verschiedenen Funktionen handelt, fassen wir der besseren Übersichtlichkeit halber Einzel- und Doppelkomma, einzelnen und doppelten Gedankenstrich in jeweils einem Abschnitt zusammen.

2.1. Das Semikolon

In der Geschichte der geschriebenen deutschen Literatursprache wird das Semikolon (der Strichpunkt) zuerst unter dem Namen *Peryodus* bei N. von Wyle (1462) erwähnt; zuvor diente es bereits in lateinischen Schriften als Abkürzungszeichen, z. B. in *atq* (für *atque* = und). Bis zum Beginn des 16. Jh. hatte dieses Zeichen die Funktion, eine noch stärkere Unterteilung als der Punkt zu bezeichnen oder diesen zu ersetzen. Vom Beginn des 17. Jh. bis zum Ende des 18. Jh. deckte sich seine Funktion teils mit der des Kommas oder des Doppelpunkts. Als Satzgliederungszeichen wurde das Semikolon für die deutsche Sprache zuerst von W. Ratke in seinen Schriften zur deutschen Grammatik (1612–1630) beschrieben. Bei J. G. Schottel (1663) hat dann das *Strichpünctlein* oder *Semicolon* endlich seinen Platz erhalten. Es steht da, wo der Sinn zwar noch nicht vollkommen ist, wo aber doch eine größere Pause erforderlich wird als beim Komma. G. P. Harsdoerffer (1647) erwähnt zuerst die Funktion des Semikolons, Gruppen gleichartiger Begriffe bei Aufzählungen zusammenzufassen, während es bei J. Boediker (1690) gesetzt wird, um einen folgenden Gegensatz anzuzeigen.

J. Chr. Adelung (1781) schließlich unterscheidet mit dem *Semicolon* Glieder eines Satzes, wenn sie von einiger Länge sind, das Komma steht in allen übrigen Fällen. Er rechnet es zu den „Satztheilzeichen". Seine heutige Funktion hat das Semikolon wohl erst durch Lessing erhalten, der dieses Satzzeichen mit Meisterschaft handhabe.

Im Gegensatz zu den meisten anderen Satzzeichen scheint das Semikolon von Anfang an ein Grenz- und Gliederungszeichen der geschriebenen Sprache gewesen zu sein, ohne daß es auf rhythmisch-intonatorische Elemente der gesprochenen Sprache bezogen worden wäre. In der gegenwärtigen deutschen Literatursprache steht es, was seinen Funktionsbereich betrifft, in der Mitte zwischen Komma und Punkt. Das Semikolon hat, ebenso wie der Punkt und das Komma, die Funktion, den Text übersichtlich zu gliedern. Im Gegensatz zum Punkt ist es kein Satzschlußzeichen; auch werden durch das Semikolon keine Satzglieder oder Nebensätze abgegrenzt wie durch das Komma, sondern es kann im zusammengesetzten Satz nur vor einem folgenden Hauptsatz oder Satzgefüge stehen. In dieser Funktion vertritt es das Komma, wenn dieses zu schwach erscheint.

Der Wirkungsbereich des Semikolons ist damit die syntaktische Ebene des Sprachsystems; die abgegrenzten Einheiten sind autosemantische (semantisch selbständige) Teilsätze von Satzverbindungen. Es signalisiert stets die semantisch-syntaktische Koordination (Nebenordnung). Diese Funktion hat das Semikolon gemeinsam mit dem Komma zwischen Hauptsätzen, dessen Signalwirkung hier jedoch wesentlich schwächer ist, da es noch zahlreiche andere Funktionen zu erfüllen hat und zum Beispiel auch als Kennzeichnung der Subordination (Unterordnung) von Teilsätzen im Satzgefüge dient.

Im Unterschied zum Punkt grenzt das Semikolon autosemantische Sätze nicht so entschieden gegeneinander ab. Der Punkt wird unabhängig davon gesetzt, ob zwischen zwei aufeinanderfolgenden Sätzen eine inhaltliche Beziehung besteht oder nicht. Das Semikolon hingegen setzt einen inhaltlichen Zusammenhang (Begründung, Folgerung oder Gegensatz) zwischen den beiden Sätzen voraus. Der durch ein Semikolon abgeschlossene Hauptsatz ist zwar seiner syntaktischen Struktur nach vollständig und selbständig, er bedarf jedoch in den meisten Fällen der Ergänzung.

Darüber hinaus hat das Semikolon noch eine Sonderfunktion. Es wird gesetzt, um bei Aufzählungen eine Gruppe zusammengehöriger Glieder zusammenzufassen und gegen andere Gruppen abzugrenzen.

Der Funktionsbereich des Semikolons hat nicht nur enge Berührungspunkte mit dem des Kommas oder des Punktes, sondern überschneidet sich zum Teil auch mit Funktionen des Doppelpunktes. Dieser ist wie das Semikolon ein Satzmittezeichen, seine Aufgabe besteht in der Abgrenzung von nebengeordneten Hauptsätzen, Satzverbindungen oder Satzgefügen. Innerhalb eines Satzgefüges, d. h. zwischen Haupt- und Nebensatz, kann daher weder ein Semikolon noch ein Doppelpunkt stehen. Eine Ausnahme bildet der Doppelpunkt vor Aufzählungen, da die folgenden Aufzählungsglieder sowohl einzelne Wörter, Wortgruppen, Haupt- oder Nebensätze sein können. Doch im Gegensatz zum Semikolon vermittelt der Doppelpunkt eine zusätzliche Information, indem er auf etwas Folgendes hindeutet.

Da das Semikolon keine Funktion hat, die nur ihm eigen ist und die nicht auch vom Punkt oder vom Komma, gelegentlich auch vom Doppelpunkt, erfüllt werden könnte, kann seine Ersetzung durch eines dieser Satzzeichen nicht als Fehler gewertet werden:

> Peter kam heute zu spät zum Unterricht. Er hatte den Bus versäumt.
>
> Peter kam heute zu spät zum Unterricht; er hatte den Bus versäumt.
>
> Peter kam heute zu spät zum Unterricht: er hatte den Bus versäumt.
>
> Peter kam heute zu spät zum Unterricht, er hatte den Bus versäumt.

Die Regeln für den Gebrauch des Semikolons erheben deshalb keinen Anspruch auf Verbindlichkeit. Gibt der Schreibende hier einem Semikolon den Vorzug, läßt er sich vor allem von stilistischen Erwägungen leiten. Deshalb setzt seine Handhabung einen bestimmten Reifegrad in der stilistischen Beherrschung der geschriebenen Sprache voraus.

Das Semikolon im zusammengesetzten Satz

R 62 Das Semikolon steht anstelle des Kommas zwischen inhaltlich zusammenhängenden Hauptsätzen, vor allem, wenn der folgende Hauptsatz eine Begründung, eine Folgerung oder einen Gegensatz zum vorangehenden Hauptsatz darstellt. Deshalb setzt man das Semikolon gern vor Hauptsätze, die mit *denn* oder auch mit *daher, deshalb, darum, aber, doch, jedoch, hingegen* eingeleitet werden:

> Seit drei Tagen liege ich im Bett; ich habe mich beim Baden erkältet. Meine Kollegin hatte den Zug versäumt; deshalb kam sie eine halbe Stunde zu spät. Steffen wünscht sich schon lange einen Hund; aber seine Eltern dulden keine Tiere in der Wohnung.
> Dennoch versucht er es mit der Freundlichkeit; aus Freundlichkeit hat er Töchtern und Schwiegertöchtern von Freunden und Nachbarn und Nachbarn von Nachbarn dieses und jenes besorgt; aus Freundlichkeit haben Obengenannte ihm hier und da einen Groschen für seine Vermittlung gegeben, einen Groschen oder auch eine Mark oder auch ein paar Mark, je nachdem; aus Freundlichkeit, zum Dank für ihre Freundlichkeit, hat er den Leuten ... wieder etwas abgegeben von dem, was er von erfreuten Versorgten für seine freundlichen Versorgungen bekommen hatte.   (H. Kant)

R 63 Das Semikolon steht zwischen nebengeordneten Satzgefügen. In mehrfach zusammengesetzten Sätzen dient es der Gliederung in größere Abschnitte:

> Wir müssen uns überlegen, mit welchem Zug wir fahren wollen; wenn wir den früheren Zug nehmen, müssen wir sofort aufbrechen.
> Wer in sich eine starke Liebe zum Tier trägt, die er erwidert wissen will; wer Familie und Wohnung beschützt wissen und auch in stillen Stunden ein Lebewesen um sich haben will: der sollte sich einen Hund anschaffen.
> Die Nähmaschinen wurden einem aus der Waggontür auf die Schulter gekantet, und dann war es, als wüchsen die Schienen; die achte, die letzte vor dem Zug auf breiteren Achsen, war eine stählerne Hürde, kaum überwindbar, und gegen die Ladeluke taumelte man nur noch und zog erlöst die Schultern aus dem Joch.   (H. Kant)

Das Semikolon bei Aufzählungen

■ **R 64** Das Semikolon steht bei Aufzählungen, um eine Gruppe zusammengehöriger Glieder zusammenzufassen und gegen andere Gruppen abzugrenzen:

> Für das Handball-Länderturnier in Spanien wurden nominiert: Tor: Schmidt, Schimrock, Hofmann; Aufbau: Hauck, Wahl, Rothe, Vollgold, Pysall, Musick; Kreis: Vollgold, Schmid, Wiegert, Bonath, Krüger, Mühlner.

R 65 Bei abgesetzten Aufzählungen mit umfangreicheren Gliedern kann statt des Kommas ein Semikolon stehen:

> Ein Fahrzeugführer darf nicht überholen
> a) an unübersichtlichen oder aus anderen Gründen gefährlichen Stellen;
> b) wenn er beim Beginn des Überholvorganges von einem anderen Fahrzeug überholt wird;
> c) wenn an dem zu überholenden Fahrzeug die Änderung der Fahrtrichtung auf der Überholseite angezeigt ist;
> d) wenn der Gegenverkehr ein gefahrloses Überholen, einschließlich Wiedereinordnen, nicht zuläßt;
> e) wenn zu anderen Verkehrsteilnehmern, Hindernissen oder getriebenen Tieren kein ausreichender seitlicher Abstand eingehalten werden kann. (Straßenverkehrsordnung)

Das Semikolon in Verbindung mit anderen Satzzeichen

R 66 Ein Semikolon schließt das Komma aus, das Semikolon seinerseits wird durch einen Punkt, ein Fragezeichen, ein Ausrufezeichen oder einen Doppelpunkt ausgeschlossen. Dagegen können Klammern, Anführungszeichen, Gedankenstriche und Auslassungspunkte mit einem Semikolon gemeinsam auftreten:

> Ewig weiterleben; – ich räume ein, es hat ein bißchen was Komisches … (Th. Fontane)
> … ein spitziges und übelwollendes Lächeln, das gegen alle Personen und Dinge mit einer allgemeinen medisanten Skepsis gerichtet war, als sagten sie beständig: ‚Wirklich? Das möchten wir denn doch fürs erste noch bezweifeln' …; schließlich die arme, aschgraue Klothilde, deren Gedanken wohl direkt auf das Abendessen gerichtet waren … (Th. Mann)

R 67   Nach einer wörtlichen Rede, einem Zitat oder Titel in Anführungszeichen steht das Semikolon nach dem schließenden Anführungszeichen:

> Er sagte: „Ich werde mir die Sache überlegen"; aber ich hatte den Eindruck, daß er keine rechte Lust hatte.

Wird der Begleitsatz in die direkte Rede eingeschaltet, so steht das Semikolon nach dem Schaltsatz:

> „Ich werde mir die Sache überlegen", sagte er; „aber eigentlich habe ich gar keine Lust."

R 68   Nach einem in Klammern gesetzten Zusatz steht das Semikolon hinter der schließenden Klammer:

> Karins Zeugnis ließ diesmal zu wünschen übrig (wenigstens nach der Meinung ihrer Eltern); dabei hatte sie sich alle Mühe gegeben.
>
> Ob ihre Kinder die Wehrpflicht wieder bekämen oder nicht („Bei meinen Beziehungen!"); ob ... auf den Polizeiwachen geprügelt wurde: sie lebten in einer anderen, glatt geschmierten, schnelleren Welt.   (K. Tucholsky)

2.2.   Der Doppelpunkt

Der Doppelpunkt (das Kolon) taucht zuerst in Handschriften des 9. Jh. auf und kennzeichnet das Ende eines Verses. Von den deutschen Grammatikern des 16. Jh., J. Kolroß (1564) und V. Ickelsamer (1534), wird das *Colon* zunächst noch gleichbedeutend mit dem Komma verwendet und dient der Gliederung einer Periode, d. h. eines umfangreicheren Satzes. Die Funktion der Ankündigung tritt erstmals bei Chr. Gueintz (1641) auf. Außer nach Sätzen, die einer Ergänzung bedürfen, steht bei ihm der *doppelpunct*, wenn man Ursachen anzeigen oder wenn man einer Regel ein Exemplar folgen lassen will. J. Bellin (1657) führt schließlich als weitere Aufgabe des Doppelpunktes die Ankündigung der direkten Rede an. Von J. Chr. Adelung (1781) wird der Gebrauch des Kolons auf drei Fälle beschränkt: vor einem Nachsatz, wenn der Vordersatz lang ist, vor Anführungen und vor Aufzählungen. Diese drei Grundfunktionen hat der Doppelpunkt im wesentlichen bis auf den heutigen Tag behalten.

Wie der Punkt, das Semikolon und das Komma gehört der Doppelpunkt zu den Grenz- und Gliederungszeichen. Darüber hinaus hat er die Aufgabe, die Aufmerksamkeit auf das Folgende zu lenken, d. h. den folgenden Teilsatz oder nur ein Satzglied anzukündigen und von dem Vorhergegangenen abzuheben. Da für die Verwendung dieses Satzzeichens vor allem inhaltliche Kriterien bestimmend sind, können dafür nur wenige verbindliche Regeln formuliert werden.

Als Grenz- und Gliederungszeichen grenzt der Doppelpunkt Teilsätze zusammengesetzter Sätze ab. Wie beim Semikolon bleibt diese Aufgabe auf nebengeordnete Hauptsätze, Satzverbindungen oder Satzgefüge beschränkt. Innerhalb eines Satzgefüges, d. h. zwischen Haupt- und Nebensatz, kann daher weder ein Semikolon noch ein Doppelpunkt stehen. Eine Ausnahme bildet der Doppelpunkt vor Aufzählungen, da die folgenden Aufzählungsglieder sowohl einzelne Wörter, Wortgruppen, Haupt- oder Nebensätze sein können. Im Gegensatz zum Semikolon erfüllt der Doppelpunkt eine besondere Hindeutungsfunktion, die von anderen Satzzeichen wie dem Komma oder dem Semikolon nicht mit übernommen werden kann. Ebenso wie der Gedankenstrich kann der Doppelpunkt auch auf eine unerwartete Wendung vorbereiten.

Außerdem hat der Doppelpunkt eine eigene Sonderfunktion: In einigen Fällen ersetzt er den prädikativen Teil einer Mitteilung. Diese Funktion des Doppelpunktes ist uns vor allem aus Fragebögen und Formularen vertraut:

> Geburtsort: Berlin
> Mathematik: sehr gut

Der Doppelpunkt als Zeichen der Ankündigung

■ **R 69** Der Doppelpunkt steht vor der angekündigten direkten Rede:

> Dann fragte er: „Ziege, bist du satt?", und sie antwortete: „Ich bin so satt, ich mag kein Blatt, mäh, mäh."   (Brüder Grimm)

Auch wenn die direkte Rede in den Satz eingeschaltet ist, steht davor ein Doppelpunkt:

> Sie sagte: „Entschuldigen Sie bitte!" und wollte weitergehen.

Nach dem Doppelpunkt beginnt die direkte Rede stets mit Großschreibung, auch wenn nur ein einzelnes Wort folgt:

> Meine Antwort lautet: „Nein!"

R 70 Wie bei der direkten Rede steht der Doppelpunkt vor angekündigten Zitaten und Titeln sowie bei Buchtiteln nach dem Verfassernamen mit Großschreibung des folgenden Wortes:

> Sie blieb stets ihrem Wahlspruch treu: „Morgenstunde hat Gold im Munde."
> Herr Dr. E. spricht zu dem folgenden Thema: „Die Frau in der Mitte des Lebens."
> D. Nerius: Untersuchungen zu einer Reform der deutschen Orthographie, Berlin 1975.

Vor Zitaten und Titeln, die nicht angekündigt, sondern nur angeführt werden, steht kein Doppelpunkt:

> Herr Dr. E. spricht zu dem Thema „Die Frau in der Mitte des Lebens".
> Schillers „Lied von der Glocke" konnte sie noch im hohen Alter auswendig hersagen.

■ **R 71** Der Doppelpunkt steht vor angekündigten Aufzählungen:

> Der Tierarzt hat an folgenden Tagen Sprechstunde: montags, mittwochs, freitags.
>
> Auf der Tagesordnung stehen folgende Punkte:
> – Wettbewerbsprogramm
> – Diskussion
> – Verschiedenes

Aufzählungen beginnen nach dem Doppelpunkt mit kleinem Anfangsbuchstaben, wenn es sich beim ersten Wort nicht um ein Substantiv oder einen Eigennamen handelt. Wird die Aufzählung als nachgestellte genauere Bestimmung mit Fügungen wie *d. h., d. i., nämlich, und zwar, z. B.* eingeleitet, steht davor statt des Doppelpunktes ein Komma:

> Der Tierarzt hat dreimal in der Woche nachmittags Sprechstunde, und zwar montags, mittwochs und freitags.

■ **R 72**   Der Doppelpunkt steht vor angekündigten Wörtern, Satzstücken und Sätzen:

> Geburtsort: Erfurt
> Deutsche Sprache und Literatur: sehr gut
> Nächste Bereichssitzung: Mittwoch 11 Uhr
>
> **VI. Sinfoniekonzert**
>
> Dirigent: Heinz Fricke
> Solisten: Annelies Burmeister, Alt
>   Siegfried Lorenz, Bariton
> Mitwirkung: Chor der Deutschen Staatsoper
> Einstudierung: Christian Weber

Nach dem Doppelpunkt wird das folgende Wort klein geschrieben, wenn es sich nicht um ein Substantiv oder einen Eigennamen handelt. Ein vollständiger Satz beginnt mit Großschreibung:

> Ich habe es mir fest vorgenommen: Ab morgen wird nicht mehr geraucht! Beachten Sie bitte folgenden Hinweis: Infolge der anhaltenden Trockenheit besteht akute Waldbrandgefahr.

Der Doppelpunkt vor nicht angekündigten Sätzen

R 73   Der Doppelpunkt steht vor Sätzen, die eine vorangehende Aufzählung zusammenfassen, eine Folgerung aus dem Vorangegangenen enthalten oder eine unerwartete Wendung bedeuten:

> Daß die Kugel eines Verbrechers einen Falschen getroffen hat, daß Hans Paasche längst ein gebrochener und weicher Mann war, ... daß er nur noch matt und hier und da leichte und belanglose politische Dinge tat: das ist den alten Preußen gleich.   (K. Tucholsky)
> Ich hätte nicht sagen können, was ich denken konnte und was mir sehr gefiel: daß dieser Zug ja gar nicht für Warschau bestimmt sein mußte.   (H. Kant)
> Sie spielten noch miteinander und scherzten: plötzlich merkte sie, daß er einschlief.   (H. Mann)

Nach dem Doppelpunkt wird in diesen Fällen das erste Wort klein geschrieben, auch wenn ein vollständiger Satz folgt.

Der Doppelpunkt in Verbindung mit anderen Satzzeichen

Ein Doppelpunkt schließt das Komma und das Semikolon aus und wird selbst durch einen Punkt, ein Fragezeichen und ein Ausrufezeichen ausgeschlossen. Er kann daher nur in Verbindung mit Anführungszeichen und Gedankenstrichen, selten auch mit Auslassungspunkten (vgl. R 61) und Klammern auftreten.

R 74 Bei der angekündigten direkten Rede steht der Doppelpunkt vor dem eröffnenden Anführungszeichen:

> Nachtwächter Bärensprung ... sagte dazu laut: „Mach keinen Fluchtversuch, Krischan", oder: „Sieh mal, Ordnung muß sein!" (E. Welk)
> Sie hatten: „Brot! Arbeit!" geschrien, bis er gekommen war. (H. Mann)

R 75 Der Doppelpunkt kann auch nach einem Gedankenstrich stehen:

> „Die Erklärungen Seiner Erlaucht waren so durchaus befriedigend, daß ich meinerseits unmöglich −: Ihr begreift, man ist kein Rauhbein." (H. Mann)
> Hätte er stets so geschrieben −: er wäre keines natürlichen Todes gestorben. (K. Tucholsky)

2.3. Der Gedankenstrich

In der Geschichte der geschriebenen deutschen Literatursprache ist der Gedankenstrich erst verhältnismäßig spät belegt.
In der Satire „Horribilicribrifax" von Andreas Gryphius (1663) sind erstmalig Gedankenstriche nachweisbar; in der deutschen Grammatik werden sie indessen erst bei Johann Friedrich Heynatz (1773) unter dem Namen *Pause* erwähnt. Ihren heutigen Namen sollen sie angeblich von Matthias Claudius erhalten haben. Gedankenstriche als Einschlußzeichen finden ihre erste Erwähnung bei J. G. Radlof (1820); auch der Gedankenstrich als „Verstummungszeichen" − statt der Auslassungspunkte bei Abbruch der Rede − wird bei ihm zuerst genannt.

Wie das Komma kann der Gedankenstrich sowohl einzeln als Grenz- und Gliederungszeichen als auch paarweise als Hervorhebungszeichen auftreten. Der doppelte Gedankenstrich bedeutet nicht eine Wiederholung des Einzelzeichens, sondern es handelt sich wie bei den Klammern und Anführungszeichen um ein Satzzeichen, das gleichsam aus zwei Hälften besteht. Demnach haben wir beim einfachen und doppelten Gedankenstrich zwei verschiedene Satzzeichen mit durchaus unterschiedlichen Funktionen vor uns.

Als Satzmittezeichen erfüllt der einzelne Gedankenstrich verschiedene Aufgaben. Seine Grundfunktion, die übrigens auch am Satzende deutlich wird, ist der Hinweis auf den Abschluß eines vorhergehenden Gedankengangs und den unvermittelten Übergang zu etwas anderem, etwas Unerwartetem oder sogar Gegensätzlichem.

In der Funktion des Schaltstrichs steht er als Doppelzeichen anstelle von Kommas oder Klammern vor und nach eingeschobenen Wörtern, Satzteilen oder ganzen Sätzen; er schließt Schaltsätze oder erklärende Zusätze ein. Darüber hinaus wird er auch als Kommando-, Strecken- und Beziehungsstrich verwendet (vgl. R 87–89).

Ähnlich wie beim Semikolon erhebt auch die geltende Regelung für den Gebrauch des Gedankenstrichs keinen Anspruch auf Verbindlichkeit. Niemand ist gezwungen, vor oder nach bestimmten syntaktischen Einheiten – Wortgruppen oder Teilsätzen – Gedankenstriche zu verwenden, wie es die Kommaregelung vorschreibt. Dadurch, daß verschiedene Funktionen des Gedankenstrichs auch von anderen Satzzeichen erfüllt werden können, hat der Schreibende die Auswahl zwischen Gedankenstrich und Auslassungspunkten bei Redeabbruch, zwischen Gedankenstrichen, Kommas und Klammern bei Einschaltungen; aber auch Komma, Semikolon und Doppelpunkt lassen sich in bestimmten Funktionen durch einen Gedankenstrich ersetzen. Nur in einigen Fällen ist die Verwendung des Gedankenstrichs aus inhaltlichen Gründen zwingend: nach dem Satzschlußzeichen, bei Sprecherwechsel, vor unerwarteten Wendungen und zur Charakteristik einer stockend vorgebrachten Rede.

So betrachtet, erscheint die Verwendung dieses Satzzeichens im geschriebenen Text wenig problematisch. Freilich gehört stilistisches Fingerspitzengefühl dazu, zwischen den verschiedenen Möglichkeiten – Komma, Semikolon, Doppelpunkt, Gedankenstrich – die richtige Wahl zu treffen; ein gewisser Reifegrad in der Beherrschung der geschriebenen Sprache bildet daher die Voraussetzung für eine angemessene und wirkungsvolle Handhabung dieses vielseitigen Satzzeichens.

Der Gedankenstrich als Einzelzeichen

R 76   Der Gedankenstrich steht nach dem Satzschlußzeichen, um den Abschluß des vorhergehenden Gedankengangs zu betonen und den Übergang zu etwas anderem anzukündigen:

> Aber müssen wir deshalb auf alles Erreichte verzichten? – Was kommen mir überhaupt für Gedanken?   (E. Agricola)
> „Gut, Schluß, bis dahin einmal. – Und was bedeutet das nun?"   (H. Kant)

Mit Hilfe des Gedankenstrichs läßt sich auch ein Wechsel der Sprechenden kennzeichnen:

> Die zurückgebliebenen Gäste lachten und sagten: „Ein verrückter Bursche." – „Aber begabt." – „Er weiß es selbst nicht. Zehnmal mehr als all diese übrigen Emigranten."   (A. Seghers)

R 77   Vor dem Satzschlußzeichen kennzeichnet der Gedankenstrich den Abbruch der Rede oder das Verschweigen eines Gedankenabschlusses. Er steht hier anstelle der Auslassungspunkte:

> Er sagte: „Au! Das ist aber doch eine –." Vor dem Wort „Frechheit" schrak er zurück.   (H. Mann)
> „Und es war keiner da, das kann ich schwören, und wenn ich gleich –" doch was sie gleich sollte, sagte Anna nicht. (E. Welk)

Beim Aussagesatz kann der Punkt nach dem Gedankenstrich auch fehlen; ein Ausrufe- oder Fragezeichen dürfte dagegen nicht entfallen:

> Kleine Trompetenstöße des Abscheues ertönten, die etwa klangen wie „Tränen-Trieschke –!" „Grünlich –!" „Permaneder –!" (Th. Mann)
> Diesmal war es ihm zuviel, er fuhr auf. „Ich soll –? Bei euch soll ich –?"   (H. Mann)

R 78   Auch im Satzinnern bedeutet ein Gedankenstrich einen Wechsel, indem er etwas Unerwartetes oder einen Gegensatz ankündigt. Der Gedankenstrich vor unerwarteten Wendungen hat die Aufgabe, auf das Gesagte verstärkt und rechtzeitig aufmerksam zu machen. In dieser Funktion ist er kaum durch ein anderes Satzzeichen zu ersetzen:

> „Was mag das wohl sein?" sagte die Jungfrau – da bekam sie ein Kind. (K. Tucholsky)
>
> Er wollte das Fenster aufreißen – und wich zurück. (H. Mann)
>
> Zu sagen haben sie alle nicht viel – aber so viel zu reden! (K. Tucholsky)
>
> „Außerdem sehr schmeichelhaft für mich – aber welcher Frau gelingt es schon, eine Ehe erträglich zu machen." (H. Böll)

R 79 Dient der Gedankenstrich der Hervorhebung freierer Satzglieder oder Satzgliedteile am Anfang oder Ende eines Satzes, so übernimmt er die Funktion eines Kommas, wenn dieses zu schwach erscheint. Auf diese Weise können voran- oder nachgestellte Präpositional- und Partizipialgruppen sowie Subjekte, die durch ein Korrelat wieder aufgenommen werden, durch einen Gedankenstrich abgegrenzt werden:

> „Womit haste denn in deinem Ratzekaff zu tun gehabt – etwa mit Nähmaschinen?" (H. Kant)
>
> Mehr als elf Jahre Einzelhaft – das war eine grausame, zermürbende Tortur, der Ernst Thälmann unterworfen wurde. (F. Dahlem)

R 80 Der Gedankenstrich steht in einer stockend, abgerissen vorgebrachten Rede (vgl. R 57):

> „Ach ja", stammelte Diederich, „Sie – du – Sie sind wohl Herr Wolfgang Buck?" (H. Mann)
>
> Krischan sah die Kinder hilflos an. „Warum – warum wollen sie mich denn wegjagen?" (E. Welk)

Der Gedankenstrich als Doppelzeichen

R 81 Eingeschobene Sätze oder Satzteile können in Gedankenstriche eingeschlossen werden. Die Gedankenstriche stehen anstelle von Kommas oder Klammern vor und nach einem Schaltsatz, einem eingeschobenen Nebensatz, einer Partizipial-

oder Infinitivgruppe, einer Apposition oder einer adverbialen Bestimmung:

> Der Schauplatz Wernigerode aber – die Bemerkung sei für Ausländer und für mäßige Geographieschüler gestattet – existiert tatsächlich, heute sogar viel belebter und anziehender als damals. (E. Agricola)
>
> Vor allem Lob – wenn es allerdings sein muß, auch Tadel – helfen dem Kind, neue Verhaltensweisen zu entwickeln. (Guter Rat)
>
> Unter einem Fremdwort verstehen wir mit K. Heller ganz allgemein ein Wort fremdsprachiger Herkunft, das – vom gegenwärtigen Standpunkt aus betrachtet – fremde Merkmale in seiner formalen Struktur ... aufweist. (Sprachpflege)
>
> Als Mensch – um diese Unterscheidung zu benutzen – war der Büchsenmachermeister Treder ein Lamm, als Büchsenmachermeister war er ein reißender Wolf. (H. Kant)
>
> Er – Sigismund Gosch – werde damit sitzenbleiben ... (Th. Mann)
>
> Weil es schwerfällt, zuzugeben, daß jenes Kind da – dreijährig, schutzlos, allein – dir unerreichbar ist. (Chr. Wolf)
>
> In diesem Alter sollten die Kinder deshalb – unter Anleitung Erwachsener natürlich – an Zündmittel und Feuer herangeführt werden. (Guter Rat)

Gedankenstriche in Verbindung mit anderen Satzzeichen

Gedankenstriche können in Verbindung mit einem Punkt, Fragezeichen, Ausrufezeichen, Komma, Semikolon, Doppelpunkt und mit Anführungszeichen auftreten.
Die Auslassungspunkte werden durch den einzelnen Gedankenstrich, die Klammern durch den doppelten Gedankenstrich ausgeschlossen.

R 82 Wird ein Satzteil oder Satz mit Gedankenstrichen eingeschoben, so stehen die Satzzeichen des einschließenden Satzes nach, die zum Einschub gehörenden Satzzeichen vor dem zweiten Gedankenstrich:

> Von dem Haus, in dem Robert jetzt lebte – ein Eckhaus zwischen Hauptstraße und Uferstraße –, waren nur noch Kellerwohnungen und Erdgeschoß übrig. (A. Seghers)

Und dann entsteht eines Tages – ich betone: Tages! – die …
die Liebe. (E. Agricola)

Aber ich will bleiben, was ich bin; ich liebe – warum sollte ich
den Ausdruck scheuen? –, ich liebe meine Arbeit … (H. Kant)

Das zum einschließenden Satz gehörende Komma kann auch
vor dem ersten Gedankenstrich stehen:

„… Ich fühle ihn hier", – er klopfte auf seinen schwarzen Kit-
tel etwas unterhalb des Herzens – „den Haß auf meine Oberen,
manchmal …" (H. Böll)

Ein eingeschobener Aussagesatz wird ohne Punkt geschrieben:

Auf einmal – Richard und Herbert hatten schon eine Weile
schweigend gelegen oder geschlafen – fing Robert zu sprechen
an. (A. Seghers)

Ein Komma, das am Ende des eingeschobenen Satzes stehen
müßte, wird durch den Gedankenstrich aufgehoben:

Inzwischen hält einer der Brüder – das ist jetzt Kutti, der jün-
gere – dem Helmut die Spitze eines Stöckchens gegen die
Kehle, damit er mit dem Getue aufhöre. (Chr. Wolf)
(vgl. R 13, 29, 50)

R 83 Ein einfacher Gedankenstrich kann vor oder nach
einem Satzschlußzeichen, Doppelpunkt oder Semikolon stehen:

„Dann hat er also den Bettler angesch–." Martin wurde
rot. (E. Welk)

Laß, sagte Lutz, bleib hier. – Aber warum denn bloß? – Besser
so. (Chr. Wolf)

„… Denk an deinen Vater, Baumann!" – Die Klasse murmelte
„Ruht in Flandern" wie ein gut eingeübter Sprechchor. –
(E. Agricola)

Wie heißen Bücher –? Kleine Kinder heißen Emma oder
Horst, Lydia oder Lottchen … aber wie heißen Bücher, und
warum heißen sie so –? (K. Tucholsky)

Zögernd öffnete er die Zimmertür: – nichts. (H. Mann)

Wenn Schriftsteller Analogien im Tierreich haben –: dieser
war eine Schlange. (K. Tucholsky)
(vgl. R 13, 29, 50, 66, 75, 81)

Gedankenstriche anstelle anderer Satzzeichen

R 84   Der Gedankenstrich steht statt eines Kommas, wenn dieses zu schwach erscheint:

> Der Chef ist schon als solcher zur Welt gekommen – denn die Karriere eines Chefs ist eine rätselhafte Sache. (K. Tucholsky)
> Er begann in letzter Zeit ein wenig stark zu werden – das einzige Anzeichen des Alterns an seinem sorgfältig gepflegten Äußeren. (Th. Mann)

Der Gedankenstrich vertritt ein Semikolon:

> Was wir tun, ist für uns getan – das kannst du ihnen erklären, aber sie zucken die Achseln.   (A. Seghers)
> Noch um 1870 hatte Katowice kaum 5 000 Einwohner – wer kann sich das heute vorstellen angesichts der riesigen lebhaften Stadt mit ihren 300 000 Menschen?   (Weltbühne)

Auch statt des Doppelpunktes kann ein Gedankenstrich stehen:

> Der Chef ist einen Tag im Jahr wirklich guter Laune – am Morgen des Tages nämlich, an dem er auf Urlaub geht. (K. Tucholsky)
> Herkunft – Arbeiterklasse; Alter – in den besten Jahren; politisch organisiert – schon lange und historisch richtig; Auszeichnungen – diverse; fachliche Kenntnisse – durchaus und gediegen; Familienstand – in Ordnung.   (H. Kant)

R 85   Der doppelte Gedankenstrich steht anstelle von Kommas oder Klammern (vgl. R 81).

Besondere Verwendungen des Gedankenstrichs

R 86   Außer als Satzzeichen wird der einfache Gedankenstrich als Zeichen für *gegen* oder *bis* verwendet:

> Das Fußballspiel Real Madrid–Manchester United; montags 8–12 Uhr; 6–8 Mark; Seiten 32–57; Bahnhofstraße 22–24.

Im Schriftsatz erscheint der für *gegen* oder *bis* verwendete Gedankenstrich (Mittestrich) ohne Zwischenraum; in Schreibmaschinentexten steht davor und danach ein Leerraum.

R 87 Bei Streckenangaben steht der Gedankenstrich als Streckenstrich:

> Nachdem „Erwin" dieses Memorandum in Hamburg erhalten hatte, löste er sofort auf dem dortigen Hauptbahnhof eine Fahrkarte nach Köln und bestieg den internationalen Schnellzug Stockholm – Kopenhagen – Hamburg – Köln – Paris – Rom. (F. Dahlem)

R 88 Der Gedankenstrich steht als Beziehungszeichen im Sinne von *und*, oder er kennzeichnet ein bestimmtes Verhältnis verschiedener Personen, Sachen, Einrichtungen usw. zueinander:

> Unser Wissen – unvollständig und in sich widersprüchlich – besteht darauf, daß ein Grundmechanismus nach dem System Einlesen – Speichern – Abrufen arbeite. (Chr. Wolf)

Um den Gedankenstrich vom Bindestrich unterscheiden zu können, ist vor und nach dem Gedankenstrich je ein Leeranschlag auszuführen:

> Martin-Luther-Universität Halle – Wittenberg;
> die Schulze-Boysen – Harnack-Gruppe

R 89 In Aufzählungen und Gliederungen kann anstelle von gliedernden Zahlen oder Buchstaben am Anfang der Zeile der Gedankenstrich als Kommandostrich auftreten:

> Das Feuer hat jetzt schon einen starken Aufforderungscharakter und verleitet zum Spielen, deshalb:
> – jeglichen Umgang mit Feuer und Zündmitteln verbieten!
> – Streichhölzer, Feuerzeug u. ä. ständig sicher verwahren!
> – Jede Gelegenheit nutzen, die Kinder zur Vorsicht und Aufmerksamkeit zu ermahnen, ihnen aber auch begreiflich machen, wie nützlich das Feuer für die Menschen ist! (Guter Rat)

2.4. Das Komma

„Das Beystrichlein (Comma /) hat seine Benahmung / weil es ein klein beygestrichenes Zeichen ist / wird geschwinde durch ein leichtes / etwas gelehntes Strichlein gezogen / und zu unterscheidung der Wörter / sehr oft- und vielmals gebraucht: Nemlich / so oft die Rede noch unvollkommen ist / die Wörter aber darin gleichwol eine schiedliche Sönderung erfoderen / zu besserem Verstande dem Leser / und zu schiklicher Teihlung der Wörter", schreibt J. G. Schottel 1663 in seiner „Ausführlichen Arbeit von der teutschen Haubt-Sprache" (S. 670).

Die Geschichte dieses Satzzeichens ist schwierig zu rekonstruieren, denn es wechselte nicht nur mehrmals seine äußere Gestalt, sondern auch seinen Namen und seine Funktionen. In der geschriebenen deutschen Literatursprache taucht ein als *strichlin* bezeichneter Schrägstrich (/) zuerst bei N. von Wyle (1462) auf. Als geringstes Zeichen hat es die Aufgabe, Wörter oder Teile von Sätzen ohne vollkommenen Sinn abzugrenzen. Für größere Satzabschnitte verwendet er die *virgel* in der Form eines Ausrufezeichens (!), die etwa unserem heutigen Semikolon entspricht und zuerst bei H. Steinhöwel (1473) *coma* genannt wird. Beide Zeichen konkurrieren außerdem seit dem Beginn des 16. Jh. mit dem *Colon* genannten Doppelpunkt. Seine heutige Form erhält das *Comma* oder der *Beystrich* (,) erst bei H. Freyer (1721) und verdrängt damit endgültig den Schrägstrich, der seit Steinhöwel allgemein als *Virgel (virgula)* bezeichnet wurde. Genauere Regeln für den Gebrauch des *Zwergstrichleins* (/) hat zuerst G. P. Harsdörffer (1656) formuliert: es steht zwischen Wörtern bei Aufzählungen, nach herausgehobenen Satzteilen und vor nachgestellten Nebensätzen. H. Freyer verwendet das Komma außerdem bei nachgestellten genaueren Bestimmungen, und bei J. J. Wippel (1746) finden wir erstmalig die Regel, nach der ein Komma vor *und* steht, wenn es einen neuen, vollständigen Satz einleitet, während J. B. Antesperg (1747) ein Komma vor den Konjunktionen *dass, damit, weil* und vor den Relativpronomina empfiehlt. J. B. Basedow (1759) führt bereits elf einzelne Kommaregeln an, die teils grammatisch, teils semantisch oder rhythmisch-intonatorisch motiviert werden. Beachtenswert ist, daß sich bei J. F. Heynatz (1782) schon eine Unterscheidung von einfachem und doppeltem Komma findet, indem er dem Komma eine einschließende und eine unterscheidende Funktion zuschreibt.

Am Ende des 18. Jh. entsprach somit der Gebrauch des Kommas im allgemeinen unserer heutigen Regelung. Mit den Interpunktionslehren von Heynatz und Adelung hat die theoretische Fundierung unserer Kommasetzung einen relativ modernen Stand erreicht; in der praktischen Anwendung bestand diese

Ähnlichkeit indessen schon im 16. Jh. Im 19. Jh. wurde die Kommaregelung immer mehr „grammatikalisiert". Während für die Regeln zum Gebrauch der übrigen Satzzeichen vorwiegend inhaltliche Kriterien (Frage, Ausruf, Feststellung, Ankündigung) bestimmend sind, beruhen unsere Kommaregeln auf der Lehre von der Satzgliederung, wie sie für das Deutsche vor allem von K. F. Becker (1839) entwickelt wurde: auf einer exakten Analyse der verschiedenen syntaktischen Struktureinheiten, die vom Schreibenden die Unterscheidung von Wortgruppen, satzwertigen Wortgruppen (in unterschiedlicher Satzgliedfunktion) und Teilsätzen verlangen, wobei außerdem noch Haupt- und Nebensätze unterschieden werden müssen. So ist das von K. Duden verfaßte Regelsystem, das zunächst einen kurzen Abschnitt in der ersten Auflage des „Buchdruckerdudens" (Leipzig 1903) bildete und erst 1915 in die neunte Auflage des Rechtschreibdudens eingearbeitet wurde, fast ausnahmslos syntaktisch begründet, während inhaltliche oder rhythmisch-intonatorische Kriterien (Intonation, Rhythmus, Pausen) der gesprochenen Sprache kaum eine Rolle spielen. Seitdem hat unsere Kommaregelung an Umfang und Kompliziertheit ständig zugenommen.

Die Funktionen des Kommas in der geschriebenen deutschen Literatursprache sind – im Gegensatz zu den meisten übrigen Satzzeichen – vielgestaltig und schwer überschaubar. Gemeinsam mit Punkt und Semikolon hat das Komma eine Grenz- und Gliederungsfunktion, die jedoch nicht, wie bei diesen beiden Satzzeichen, auf die Abgrenzung inhaltlich selbständiger Sätze oder Teilsätze beschränkt bleibt. Die eigentliche Aufgabe des Kommas ist die Abgrenzung inhaltlich unselbständiger syntaktischer Einheiten innerhalb eines Elementar- oder Ganzsatzes. Als größte syntaktische Einheit stellt der Ganzsatz eine Bedeutungseinheit innerhalb eines größeren Gedankenzusammenhangs dar, der in der gesprochenen Sprache als Intonationseinheit zwischen zwei größeren Pausen, in der geschriebenen Sprache als graphische Einheit zwischen zwei Satzschlußzeichen (Punkt, Fragezeichen oder Ausrufezeichen) erscheint. Der Ganzsatz kann aus einem einzigen Elementarsatz oder aus mehreren Teilsätzen bestehen, die entweder nach dem Prinzip der Nebenordnung (Satzverbindung) oder nach dem Prinzip der Unterordnung (Satzgefüge) miteinander verknüpft sind. Wie der Elementarsatz besteht auch das Satzgefüge aus einer Folge von einander über- und untergeordneten Satzgliedern, nur daß eines oder mehrere dieser Satzglieder zu Teilsätzen ausgeformt sind, die wiederum aus einer Satzgliedfolge bestehen.

Das Komma grenzt nicht nur Teilsätze eines Ganzsatzes, sondern auch Satzglieder innerhalb eines Elementarsatzes (eines einfachen Satzes oder eines Teilsatzes) gegeneinander ab, die aus Wortgruppen oder sogar nur aus einzelnen Wörtern bestehen können, wenn diese infolge Nebenordnung oder Einschub den nach bestimmten Gesetzen der Wortfolge aufgebauten Verlauf des Satzes unterbrechen. Das Komma kann – ebenso wie der Gedankenstrich – sowohl einzeln als Grenz- und Gliederungszeichen als auch paarweise als Hervorhebungszeichen auftreten. Beiden Kommazeichen ist gemeinsam, daß sie nur auf der syntaktischen Ebene des Sprachsystems und nur in Mittelstellung, d. h. im Satzinnern verwendet werden. Ihre Funktionen sind jedoch, bedingt durch ihr einzelnes oder paarweises Auftreten, durchaus unterschiedlich: das Einzelkomma K_1 dient im Deutschen allein zur Abgrenzung gleichartiger, nebengeordneter syntaktischer Einheiten. Es handelt sich dabei in der Regel um koordinierte Satzglieder mit gleicher Funktion und mit dem gleichen Bezugselement. Diese Satzglieder sind untereinander austauschbar und können durch eine koordinierende Konjunktion (*und, oder, entweder – oder, weder – noch, nicht – noch, sowohl – als auch, sowohl – wie, als* und *wie* im Vergleich, *wie* = und, *sowie* = und) verbunden werden.

Das Komma wird durch die koordinierende Konjunktion aufgehoben: *Die bekanntesten heimischen Getreidearten sind Roggen, Weizen, Gerste und Hafer.*

Auch kurze, inhaltlich eng zusammengehörige Hauptsätze oder koordinierte Nebensätze können den Charakter einer Reihung oder Aufzählung haben; das Kommazeichen K_1 wird dann ebenfalls durch eine koordinierende Konjunktion ersetzt: *Er grübelte und er grübelte. Sie fragte an, ob ich ihren Brief erhalten hätte und wann sie mich besuchen könnte.*

Das Doppelkomma K_2 hingegen hat – ähnlich wie die Gedankenstriche, Klammern und Anführungszeichen – eine Klammerfunktion, indem es syntaktische Einheiten einschließt und dadurch aus dem übrigen Satzverband heraushebt. Es zeigt an, daß der Satzverlauf durch einen Einschub unterbrochen und danach wieder aufgenommen wird. Die eingeschlossenen Einheiten können betonte Anreden oder Interjektionen sein, Appositionen und andere nachgestellte Fügungen, eingeschobene

Infinitiv- oder Partizipialkonstruktionen, Nebensätze oder Parenthesen:

> So hört doch, Kinder, was ich sage! Zwei Seelen wohnen, ach, in meiner Brust. Der BGL-Vorsitzende, Kollege Müller, verlas den Rechenschaftsbericht. Sein Wunsch, Biologie zu studieren, ging in Erfüllung. Der Stier stürzte sich, vor Wut schnaubend, auf den Torero. Hunde, die viel bellen, beißen nicht. Er verachtete, zu seiner Ehre sei es gesagt, billige Ausreden.

Das Doppelkomma unterliegt – im Gegensatz zu Klammern und Anführungszeichen – dem Gesetz der „Kontraktion", das bereits von Heynatz (1782) beobachtet worden ist; danach besitzt ein „stärkeres" Satzzeichen die Fähigkeit, ein „schwächeres" in sich aufzunehmen. Die Funktionen der beiden Zeichen werden dabei zusammengezogen. Steht eine solche syntaktische Einheit am Anfang oder am Ende eines Ganzsatzes, so wird entweder das eröffnende oder das schließende Kommazeichen durch ein Satzschlußzeichen ersetzt, das die Kommafunktion mit erfüllt:

> Kinder, seid doch nicht so laut! O, das ist schade! Jacob und Wilhelm Grimm begründeten das „Deutsche Wörterbuch", das bis heute umfassendste Wörterbuch der deutschen Sprache.
> Endlich erfüllte sich ihr Wunsch, Biologie zu studieren. Der Stier stürzte sich auf den Torero, vor Wut schnaubend. Das Betragen ist ein Spiegel, in dem jeder sein Bild zeigt.

In diesen Fällen erscheint das Doppelkomma K_2 als kontrahiertes Doppelkomma K_{2-1}; dieses zeigt die Erscheinungsform des Einzelkommas K_1, ist aber der Funktion nach K_2.

Als einziges Satzzeichen hat demnach das Komma drei verschiedene Erscheinungsformen:

1. als Einzelkomma (…, …) K_1
2. als Doppelkomma (…, …, …) K_2
3. als kontrahiertes Doppelkomma (…, …!) K_{2-1}.

Das Einzelkomma ist das Kennzeichen einer unverbundenen oder adversativen (gegensätzlichen) Koordination, einer parataktischen (nebenordnenden) Beziehung zwischen Satzgliedern oder Teilsätzen. Sein Nichtvorhandensein bedeutet demnach, daß es sich um eine Aufeinanderfolge verschiedenartiger Satzglieder mit unterschiedlichen Funktionen handelt, selbst bei gleichem Bezugselement. Ihre feste Eingebundenheit in den

Satzverband kommt darin zum Ausdruck, daß ihre Reihenfolge nicht beliebig vertauschbar ist und daß sie nicht durch eine koordinierende Konjunktion verbunden werden können. In dem Satz *Meine Mutter hat mir gestern aus Dresden ein großes Paket geschickt* hat jedes Satzglied oder jeder Gliedteil seine spezifische Aufgabe. Der Satz ist ein Gefüge von Beziehungen, in dem jedes Satzglied einem anderen über- oder untergeordnet ist. Das Komma K_1 zeigt an, daß dieses Prinzip der Über- und Unterordnung von Satzgliedern (Hypotaxe) durch das Prinzip der Nebenordnung (Parataxe) durchbrochen wird. Es steht damit in Opposition zum „Nullkomma" K_0, dem Kennzeichen der Hypotaxe: *der dritte kritische Tag* (Hypotaxe); *der dritte, kritische Tag* (Parataxe).

Eine solche oppositionelle Relation besteht auch zwischen K_2 und K_0. Da K_2 die Funktion hat, syntaktische Einheiten einzuschließen und damit vom Satzverband abzuheben, bedeutet das Nichtvorhandensein eines Doppelkommas die Einbeziehung dieser Satzglieder in das Gefüge des Satzes. Die Kommasetzung hängt also davon ab, ob der Einschub eine sinnotwendige oder nur eine zusätzlich erläuternde Ergänzung oder Präzisierung des Sachverhalts ist, die als Einschub oder Unterbrechung des Satzverlaufs empfunden wird:

> Er geht besonders am Abend gern spazieren; oder: Er geht, besonders am Abend, gern spazieren. Der Werkingenieur Müller hält diese Maßnahme für richtig; der Werkingenieur, Müller, hält diese Maßnahme für richtig.

Die dominierende Rolle in der geltenden Kommaregelung spielt das Kriterium der Satzwertigkeit. Eine Wortgruppe mit Satzgliedfunktion wird in der Regel nur dann durch K_2 abgegrenzt, wenn sie durch besondere Betonung oder Nachstellung aus dem Satzverband herausgehoben werden soll. Ein Teilsatz dagegen erfordert stets die Abgrenzung durch K_2, auch wenn er die Funktion eines Satzglieds erfüllt. Mit anderen Worten: Ein Satzglied wird stets dann durch K_2 hervorgehoben, wenn es eine prädikative Beziehung entfaltet und damit Satzwertigkeit erhält. Als wichtigstes Kennzeichen des Satzes gilt die Subjekt-Prädikat-Struktur. Ein Ganzsatz enthält demnach so viele durch K_2 abzugrenzende Teilsätze, als prädikative Beziehungen in ihm enthalten sind. Am deutlichsten wird der Gegensatz von Wortgruppe und Satz am Beispiel der Komparationsbestimmung. Bei einem Vergleich, der kein vollständiger Satz ist, steht kein

Komma: *Er ist größer als ich;* bei vergleichenden Nebensätzen muß jedoch das Komma gesetzt werden: *Er ist größer, als ich im selben Alter war.* Das Erkennen der prädikativen Beziehung ist eine wichtige Voraussetzung für die richtige Interpunktion im zusammengesetzten Satz. Das syntaktische Prinzip ist demnach für die geltende Kommaregelung von besonderer Bedeutung. Entsprechend den Funktionen des einfachen und des doppelten Kommas, innerhalb eines Ganzsatzes Satzglieder oder Teilsätze abzugrenzen oder hervorzuheben, setzen diese Regeln die Kenntnis der verschiedenen syntaktischen Einheiten und Relationen im Satz voraus. Die vom Schreibenden zu bestimmenden Einheiten sind die Wortgruppe, die satzwertige Wortgruppe und der Teilsatz. Die Kommasetzung richtet sich nach Stellung und Funktion dieser Einheiten, aber auch nach der Art ihrer Verknüpfung (verbunden – unverbunden, koordinativ – subordinativ) und nach ihrer Satzwertigkeit, d. h. nach dem Vorhandensein oder Nichtvorhandensein einer prädikativen Beziehung. Diese führende Rolle des syntaktischen Prinzips hat in einigen Fällen bewirkt, daß die Kommaregelung in Widerspruch zur inhaltlichen und zur rhythmisch-intonatorischen Gliederung des Satzes steht. Sie ist heute kaum noch in der Lage, Sprechhinweise zu geben. Die Kunst, einen geschriebenen Text gut vorzulesen, besteht oftmals gerade darin, „störende" Kommas zu ignorieren oder dort Pausen einzuschalten, wo kein Komma steht.

Umgekehrt ist es nicht die Aufgabe des Kommas, besondere Lautverhältnisse der gesprochenen Sprache wie Pausen, Intonation, Rhythmus abzubilden, sondern es hat die Funktion, die syntaktische Struktur des Satzes deutlich und dabei überschaubar zu machen. Unabdingbare Voraussetzung für die richtige Kommasetzung ist daher die sichere Beherrschung grammatischer Grundkenntnisse, vor allem das Erkennen der prädikativen Beziehung im Satz.

Das Komma im einfachen Satz

Kein Komma zwischen verschiedenartigen Satzgliedern

■ **R 90** Im einfachen Satz, und sei er noch so lang, darf kein Komma stehen, wenn die aufeinanderfolgenden Satzglieder verschiedenartig sind. Demnach werden Satzglieder, die im selben Satz nur einmal in ihrer besonderen Funktion vorkommen, nicht durch Komma abgegrenzt:

> Hauptsächlich sah er Joachim Ziemßen in sonderbar verrenkter Lage auf einem Bobschlitten eine schräge Bahn hinabfahren. (Th. Mann)

R 91 Der einfache Satz stellt ein Gefüge von Beziehungen dar, in dem jedes Satzglied einem anderen Satzglied über- oder untergeordnet ist. So können vom Subjekt oder Objekt Attribute abhängen, vom prädikativen Verb verschiedene Objekte oder adverbiale Bestimmungen. Als verschiedenartige Satzglieder gelten auch Objekte im Dativ und Akkusativ oder Adverbialbestimmungen mit lokaler, temporaler oder modaler Bedeutung:

> Ich habe meiner Mutter im vorigen Jahr aus dem Urlaub ein schönes Geschenk mitgebracht (*meiner Mutter* = Dativobjekt; *ein schönes Geschenk* = Akkusativobjekt; *im vorigen Jahr* = Temporalbestimmung; *aus dem Urlaub* = Lokalbestimmung).

Zwischen Adverbialbestimmungen verschiedener Art, zwischen verschiedenartigen Objekten oder zwischen Subjekt und Prädikat darf kein Komma stehen. Folgende Beispiele sind demnach unrichtig:

> Die Veranstaltung mußte wegen des schlechten Wetters, im Saal des Kulturhauses stattfinden (falsches Komma zwischen Kausal- und Lokalbestimmung).
> Erst kürzlich hatte er seinem langjährigen Freund Waldemar, einen ausführlichen Brief geschrieben (falsches Komma zwischen Dativ- und Akkusativobjekt).
> Der italienische Seefahrer Christoph Kolumbus, entdeckte am 12. 10. 1492 die Bahamainsel Guanahani (falsches Komma zwischen Subjekt und Prädikat).

Auch Adverbialbestimmungen gleicher Art, von denen die eine die andere näher bestimmt, werden in der Regel nicht durch Komma getrennt:

> Ich habe meinen Schirm im Restaurant an der Garderobe hängenlassen.
> Wir fahren auch in diesem Jahr wieder in den Thüringer Wald zu unseren Großeltern.

R 92   Attribute dürfen nicht von ihren Bezugswörtern durch Kommas getrennt werden wie in dem folgenden Beispielsatz (die unterstrichenen Kommas sind falsch):

> Zur Siegerehrung, anläßlich des 3. Bezirkssportfestes am 24. 6. 78 in Quedlinburg, werden drei Schützen der siegreichen Mannschaften eingeladen.

R 93   Kein Komma steht nach Artikel, Pronomen oder Numerale und dem folgenden Adjektiv, Partizip oder Possessivpronomen, auch wenn zwischen ihnen ein Einschub vorhanden ist:

> drei schöne Tage; viele herzliche Grüße; mit diesen unseren Anschauungen; der dir gewiß bekannte Kurort; dieser wenn auch nur scheinbare Verzicht; drei für den Außendienst vorgesehene Mitarbeiter

Die folgenden Kommas sind falsch:

> Wir leisten kameradschaftliche Hilfe bei dem, auf unsere Initiative hin, erstmalig im März durchgeführten Wettbewerb.

Das Komma kann den Sinn verändern:

> andere (= weitere) erfreuliche Nachrichten; aber: andere, (und zwar) erfreuliche Nachrichten;
> die dritte überarbeitete Auflage (frühere Auflagen waren auch schon überarbeitet); aber: die dritte, überarbeitete Auflage (nur die dritte Auflage ist überarbeitet) (vgl. R 99).

■ **R 94**   In Sätzen, die mit einer längeren Adverbialbestimmung eingeleitet werden, darf kein Komma gesetzt werden (die unterstrichenen Kommas sind falsch):

> Und außer der Verdoppelung des Wohnungsbaus während des vergangenen Jahrzehnts, konnten wir unser Leben in vielen anderen Punkten verbessern. Mit der Eröffnung der Schwimmhalle am Tierpark am 3. 2. 1979, konnte einem großen Bedürfnis der Bürger dieses Wohngebietes entsprochen werden. Durch den Wegfall des obligatorischen Schulschwimmens in dieser Zeit, entstanden zugleich mehr Möglichkeiten der sportlichen Betätigung auch für Erwachsene.

■ **R 95**   Auch beim einfachen Vergleichsglied darf kein Komma stehen (die unterstrichenen Kommas sind falsch):

Besser schlecht gefahren, als gut gelaufen. Anfang Juni mußten wir noch heizen, wie im tiefsten Winter. Nach verdienstvollen Technikern und Wissenschaftlern sind Maßeinheiten, wie Watt, Hertz, Grad Celsius oder Ohm, benannt. In der Schule, wie in allen Lebensbereichen, sind die Grundsätze der Ethik und Moral Grundlage des Verhältnisses der Menschen untereinander.

Soll das Vergleichsglied als erläuternder Zusatz aufgefaßt werden, so kann es allerdings als nachgestellte Apposition in Kommas eingeschlossen werden:

In der Schule, wie (übrigens) in allen Lebensbereichen, sind die Grundsätze der Ethik und Moral Grundlage des Verhältnisses der Menschen untereinander. Nach verdienstvollen Technikern und Wissenschaftlern sind Maßeinheiten, wie z. B. Watt, Hertz, Grad Celsius oder Ohm, benannt (vgl. auch R 187).

Das Einzelkomma

Das Einzelkomma ist das Zeichen einer Aufzählung, d. h. einer Nebenordnung von Satzgliedern gleicher Art und Funktion. Gleichartige Satzglieder lassen sich in der Regel daran erkennen, daß sie in ihrer Reihenfolge austauschbar sind und durch *und* oder eine andere anreihende Konjunktion (*sowie, oder*) verbunden werden können. Das Komma wird durch eine solche Konjunktion aufgehoben. Bei Zeitangaben, Namen und Titeln konkurriert das Einzelkomma mit dem Doppelkomma, dem Zeichen der nachgestellten Apposition.
Alle Glieder eines Satzes können mehrfach auftreten und nach dem Prinzip der Nebenordnung (Parataxe) aneinandergereiht werden. Jedes Glied einer solchen Reihe oder Aufzählung hat den gleichen Satzgliedwert:

Roggen, Weizen, Gerste und Hafer sind unsere häufigsten Getreidearten (mehrgliedriges Subjekt).
Alles *rennet, rettet, flüchtet* (mehrgliedriges Prädikat).
Meine Freundin hat *zwei Wellensittiche, ein Meerschweinchen und einen kleinen Hund* (mehrgliedriges Objekt).
Fährst du lieber *ins Gebirge oder an die Ostsee?* (mehrere Lokalbestimmungen).
Bei diesem *nassen, unfreundlichen* Wetter kann man sich leicht erkälten (Attributreihe).

71

Bei nebeneinanderstehenden Attributen ist nicht immer leicht zu entscheiden, ob es sich um eine Nebenordnung (Parataxe) handelt, d. h., ob beide Attribute auf dasselbe Bezugswort ausgerichtet sind.

In dem Satz

Shakespeare ist ein großer, berühmter Dichter

beziehen sich beide Adjektive auf dasselbe Substantiv *Dichter*:

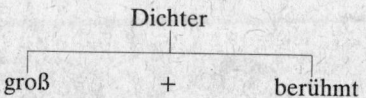

Zwischen beiden Attributen muß daher ein Komma stehen.
Dagegen handelt es sich in dem Satz

Shakespeare ist ein berühmter englischer Dichter

um Attribute verschiedenen Grades, von denen sich das zweite auf das Substantiv, das erste aber auf die Verbindung *englischer Dichter* bezieht:

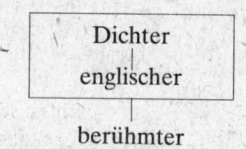

Das zweite Adjektiv bildet mit dem Substantiv einen Gesamtbegriff, dem das erste Adjektiv untergeordnet ist. Es liegt demnach keine Nebenordnung, sondern eine Unterordnung (Hypotaxe) des ersten Attributs vor, so daß zwischen beiden Attributen kein Komma stehen darf. Zu einem solchen Gesamtbegriff mit dem folgenden Substantiv verbinden sich vor allem vier Gruppen von Adjektiven:

1. *Farbbezeichnungen*
   ein schöner grüner Wald, ein wertvoller goldener Ring, die neue blaue Bluse, ihre saubere weiße Schürze

2. *Stoffbezeichnungen*
   ein kunstvoll geschmiedetes eisernes Tor, eine abgenutzte lederne Brieftasche, eine hohe steinerne Mauer, ein schwerer eichener Schrank

3. *Herkunfts- oder Zugehörigkeitsadjektive*
   klarer polnischer Wodka, dunkles böhmisches Bier, ein großer deutscher Philosoph, das ehemalige königliche Schloß,

das neue städtische Krankenhaus, eine wichtige innerbe-
triebliche Vereinbarung

4. Häufige Bestandteile eines Gesamtbegriffs sind Adjektive
   wie *alt, jung, klein*: ein netter junger Mann, eine knorrige alte
   Weide, ein süßer kleiner Hund

Bei Umstellung wird dieser Gesamtbegriff aufgehoben, und die
Nebenordnung beider Attribute wird durch Komma angezeigt:
eine weiße, saubere Schürze; ein eisernes, kunstvoll geschmiedetes Tor; sie tranken böhmisches, dunkles Bier (vgl. R 98).

Das Komma bei *aufgezählten Wörtern oder Wortgruppen*

R 96   Aufgezählte Wörter oder Wortgruppen gleicher Art und
Funktion werden durch Komma voneinander abgegrenzt, wenn
sie nicht durch eine anreihende (kopulative) Konjunktion verbunden sind. Steht zwischen den Gliedern einer Aufzählung die
Konjunktion *und* oder *oder*, so wird kein Komma gesetzt:

> Typhus und Lungenentzündung, der Hunger und der Dreck
> schafften, was Kugeln und Brand nicht geschafft hat-
> ten.   (H. Kant)
> Ich steckte den Zettel in den Umschlag, schob die Geldscheine
> nach, leckte den Klebstoff am Deckel des Umschlages an, zö-
> gerte, nahm das Geld wieder heraus und suchte aus dem Pak-
> ken einen Zehnmarkschein, den ich in meine Manteltasche
> steckte.   (H. Böll)
> Da sitzt einer über seiner Schreibmaschine, raucht zuviel, bläst
> Staub von den Tasten, beißt in einen Apfel und denkt an Schil-
> ler dabei, starrt auf das leere Papier und dann auf die Uhr,
> kratzt an dem verklebten kleinen a herum, bis es wieder sauber
> ist, hat schon wieder eine Zigarette in Brand und nennt das al-
> les Arbeit.   (H. Kant)
> Überhaupt bevorzugte sie eine bunte, absonderliche Kleidung,
> flammend rote Röcke, knallgelbe Mieder, grüne Halstü-
> cher.   (D. Noll)
> Die auf der Plattform fluchten in ihre Nacken hinunter über
> die Polizei, über den Staat, über die Kälte.   (A. Seghers)
> Seine Hände und Füße aber waren zartgeformt und schmal,
> und er hatte große, rehbraune Augen, einen weichgeschnitte-
> nen Mund und feines, lichtbraunes Haar.   (Th. Mann)
> Sie war siebzehn Jahre alt, schlank, zigeunerhaft, hübsch und
> schlampig.   (D. Noll)

Aber genau wie der Mann in der Lage sein muß, den Haushalt zu führen, Wäsche zu waschen, muß es auch die Frau verstehen, sich in behördlichen Dingen auszukennen oder sich zu informieren sowie kleine Reparaturen selbst vorzunehmen. (Guter Rat)

Auch Wiederholungen werden durch Komma getrennt:

Er verzichtete, verzichtete auf immer. (Th. Mann)

„Warum?" – „Ach, zum Teufel. Warum, warum. Laß mich." (A. Seghers)

„Wachsam, wachsam", sagte Trullesand anerkennend. (H. Kant)

R 97 Abgesetzte Aufzählungen, deren Glieder jeweils auf einer Zeile für sich stehen und die sich dadurch deutlich abheben, können ohne Komma stehen. Hinter das letzte Aufzählungsglied ist jedoch ein Punkt zu setzen, wenn es das Ende des Satzes bildet:

Im Postscheckdienst gibt es folgende Aufträge:

Einziehungsaufträge
Überleitungsaufträge
Eilaufträge
telegrafische Aufträge
Daueraufträge.

Bestehen die abgesetzten Aufzählungsglieder jedoch aus Sätzen, so sind die jeweils erforderlichen Zeichen zu setzen (vgl. R 12). Die Verwendung des Kommandostrichs (vgl. R 89) vor abgesetzten Aufzählungsgliedern hat auf die Zeichensetzung keinen Einfluß.

■ **R 98** Bildet das letzte von mehreren adjektivischen Attributen mit dem folgenden Substantiv einen Gesamtbegriff, so beziehen sich die übrigen Attribute auf diese Verbindung und dürfen nicht durch Komma davon getrennt werden:

Der Lehrer zeigte den Schülern interessante_ physikalische Versuche.

Sie setzten sich mit großem_ persönlichem Engagement für die Lösung dieser Aufgaben ein.

Darüber hinaus waren die Autoren bemüht, in möglichst hohem Maße die fortschrittliche_ internationale Tradition ihres

Fachgebietes fruchtbar zu machen. (Theoretische Probleme der Sprachwissenschaft)

Das also war die Wirkung des vorsichtigen_ väterlichen Briefes, der jede Entscheidung auf unbestimmte Zeit hinausgeschoben hatte! (Th. Mann)

Steilküste wechselte mit flachen Gestaden, fern am Horizont bildeten die Fassaden der Häuser bald nur noch eine geschlossene_ helle Mauer. (E. Neutsch)

Eine solche Verbindung erkennt man in der Regel daran, daß man die beiden adjektivischen Attribute nicht sinnvoll durch *und* verbinden oder miteinander vertauschen kann. So ist es z. B. nicht möglich zu sagen:

*Der Lehrer zeigte den Schülern interessante *und* physikalische Versuche

oder: *physikalische, interessante Versuche.

Dagegen muß in dem folgenden Beispielsatz ein Komma stehen:

Petra ist eine aufmerksame, fleißige Schülerin (= *eine aufmerksame und fleißige Schülerin* oder *eine fleißige, aufmerksame Schülerin*).

R 99   In manchen Fällen kann das Komma entscheidend für den Sinn des Satzes sein:

die oberen zerstörten Stockwerke (die unteren sind auch zerstört); aber: die oberen, (und zwar) zerstörten Stockwerke (nur die oberen Stockwerke sind zerstört; vgl. auch R 93).

R 100   Bisweilen läßt sich nicht klar entscheiden, ob das Komma zwischen adjektivischen Attributen stehen muß oder nicht:

Mitten im Zimmer stand ein wuchtiger(,) eichener Tisch.

Hier hängt es im wesentlichen von der Aussageabsicht des Schreibenden ab, ob beide Attribute als gleichrangig angesehen werden sollen oder ob das zweite Attribut mit dem Substantiv einen Gesamtbegriff bildet. Im letzteren Fall steht kein Komma.

R 101   Die folgende Tabelle gibt eine Übersicht über die Kommasetzung bei mehreren vorangestellten Attributen:

Attribute gleichen Grades	Attribute + Gesamtbegriff
eine aufmerksame, fleißige Schülerin	
	interessante physikalische Versuche
ein großer, berühmter Dichter	ein großer englischer Dichter
eine neue, (und zwar) blaue Bluse	eine neue blaue Bluse
eine blaue, neue Bluse	
ein wertvoller, goldener Ring	ein wertvoller goldener Ring
ein goldener, wertvoller Ring	
	neue wissenschaftliche Erkenntnisse
	Die Deutsche Demokratische Republik
	verschiedene politische Anschauungen
	mehrere interessante Bücher
andere, erfreuliche Nachrichten	andere erfreuliche Nachrichten
der dritte, kritische Tag	der dritte kritische Tag
die oberen, zerstörten Stockwerke	die oberen zerstörten Stockwerke
	unsere neue Wohnung
	mit solchen üblen Verleumdungen
die letzten, großen Ferien	die letzten großen Ferien

R 102   Mehrere vorangestellte Attribute sind nur gleichrangig, wenn sie die gleichen Flexionsendungen haben:

unter solchen(,) kaum denkbaren Umständen;
aber: solche kaum denkbaren Umstände

an manchen(,) noch heißeren Tagen;
aber: manche noch heißeren Tage

ein hilfloses, verlassenes Wesen;
aber: ein hilflos verlassenes Wesen

ein schneidender, kalter Ostwind;
aber: ein schneidend kalter Ostwind

R 103 Bisweilen kann ein Gesamtbegriff mehrere Attribute unterschiedlicher Rangordnung enthalten:

einige schwierige chemische Formeln; viele unterschiedliche gesellschaftliche Verpflichtungen; unsere letzte gemeinsame Urlaubsreise (aber auch: unsere letzte, [und zwar] gemeinsame Urlaubsreise)

■ **R 104** Gleichwertige Glieder einer Aufzählung werden durch Komma abgegrenzt, wenn sie

– unverbunden nebeneinander stehen (vgl. R 96):

Frühling, Sommer, Herbst, Winter
Störender Besuch, böse Mahnungen, jäher Tod – das reiste per Depesche und erschreckte.   (H. Kant)
Er antwortete ihr langsam, überlegend, ernst.   (H. Fallada)
Der Mai des Jahres 1943 endete mit heißen, trockenen Tagen, mit prachtvollem Badewetter.   (D. Noll)
„Klebengeblieben, sitzengeblieben, nicht versetzt – kann ich mir gar nicht denken von Ihnen."   (H. Kant)

■ – durch die folgenden kopulativen Konjunktionen verbunden sind: *bald – bald, einerseits – andererseits, einesteils – anderenteils, jetzt – jetzt, ob – ob, teils – teils, halb – halb; auch, außerdem, ferner* u. a.:

Bald ist er hier, bald dort. Im Urlaub liebt er zu wandern, auch zu schwimmen.
Ob jung, ob alt, alles tummelte sich im Wasser. Wir hatten teils schönes, teils regnerisches Urlaubswetter. Ich habe abgewaschen, ferner die Küche aufgeräumt und den Fußboden gewischt.
Er ist fleißig, außerdem pünktlich und gewissenhaft.

■ – durch adversative Konjunktionen verbunden sind, auch wenn diese nachgestellt werden: *aber, allein, doch, jedoch, dennoch, vielmehr, sondern:*

> Über ihrer kurzen, aber recht fein geschnittenen Nase saß ein kleiner Sattel von Sommersprossen. (Th. Mann)
> Die Klasse jubelte, verstummte aber, als Gruber den Mund zur Antwort öffnete. (D. Noll)
> Er spürte freilich auch keine Erleichterung, sondern eine Leere. (A. Seghers)
> Liebenswürdig, doch energisch vertröstete er die Gesellschaft. (L. Feuchtwanger)
> … jedenfalls war der Domprediger Bjerrelund eines wenn auch nicht natürlichen, so doch verständlichen Todes gestorben. (H. Kant)

■ – durch ein Korrelat (Pronomen oder Adverb) wieder aufgenommen werden:

> Zwei Millionen Livres, das klang sehr groß. (L. Feuchtwanger)
> „Also hier, der Zahn, der wurde immer weniger …“ (H. Kant)
> „… Ich und meinesgleichen, wir schlagen uns Zeit unseres Lebens damit herum …“ (Th. Mann)
> Bentsch und der Gast, beide starrten jetzt auf einen Fleck: Katharinas Gesicht. (A. Seghers)
> In unserer Mannschaft, da herrscht ein guter Kollektivgeist.
> Naß bis auf die Haut, so kam er abends spät nach Hause.
> „Sitzenbleiben oder nicht, darauf kommt's doch gar nicht mehr an …“ (D. Noll)

■ **R 105** Kein Komma steht zwischen den Gliedern einer Aufzählung, wenn sie durch folgende Konjunktionen verbunden sind: *und, oder, entweder – oder, weder – noch, nicht – noch, sowohl – als [auch], beziehungsweise (bzw.), sowohl – wie, wie* (= *und*), *sowie* (= *und*):

> Der Kranke wollte weder essen noch trinken. Seine Mutter sowie ihre beiden Schwestern wohnen in Berlin. Gutes Spielzeug muß sowohl pädagogischen und ästhetischen Ansprüchen genügen als auch die Sicherheit des Kindes in hohem Maße gewährleisten.

Wird der zweite Teil der oben genannten mehrteiligen Konjunktionen wiederholt, so ist das Komma freigestellt:

> Er will weder essen noch trinken(,) noch schlafen.

R 106 Wenn in einer Aufzählung ein erweiterter Infinitiv oder ein Nebensatz mit *und* oder *oder* folgt, ist das Komma freigestellt:

> Sie kaufte Butter, Zucker(,) und was sie sonst noch brauchte.
> Aus Interesse(,) und um sich weiterzubilden(,) liest er diese Fachbücher.

Das Komma bei *Wohnungsangaben*

■ **R 107** Nebeneinanderstehende Orts- und Wohnungsangaben gelten als Aufzählung, deren Glieder durch Komma zu trennen sind:

> Dunckerstr. 28, II. Stock, Wohnung 0201, Berlin, 1071
> Dänenstr. 19, Quergebäude, III(,) rechts bei Schulz (abgekürzt: Dänenstr. 19, Quergeb., III(,) r.)
> VEB Bibliographisches Institut Leipzig,
> Gerichtsweg 26, Postschließfach 130,
> Leipzig, DDR–7010

Ist die Wohnungsangabe in den Satz einbezogen, so steht am Ende der Aufzählung kein Komma:

> Herr Meier ist nach Berlin-Friedrichsfelde, Balatonstraße 5 verzogen. Ich bitte, die Post an meine Urlaubsadresse Ferienheim „Sorbitzmühle“, Döschnitz, 6821 nachzusenden.
> Dienstlich bin ich unter der Anschrift der Wilhelm-Pieck-Universität Rostock, Sektion Sprach- und Literaturwissenschaft, Kröpeliner Str. 26, Rostock, 2500 zu erreichen.

R 108 Folgt die Ortsangabe dem Namen unmittelbar, d. h. ohne Präposition, so kann sie als nachgestellte nähere Bestimmung (Apposition) zum Namen aufgefaßt und in Kommas eingeschlossen werden (vgl. R 124):

> Herr Helmut Naumann, Görlitz, August-Bebel-Straße, schrieb uns, daß ...

Ist die Ortsangabe dagegen mit einer Präposition an den Namen angeschlossen, so wird sie in den Satz einbezogen (vgl. R 107):

Herr Helmut Naumann aus Görlitz, August-Bebel-Straße
schrieb uns, daß...

R 109 Zeilenweise abgesetzte Wohnungsangaben bei Anschriften in Briefen und auf Umschlägen stehen ohne Komma (vgl.
R 11):

> Ernst-Moritz-Arndt-Universität
> Direktorat für Planung und Ökonomie
> Domstraße 14
>
> Greifswald
>
> 2200
>
> Herrn
> Rudolf Schröder
> Karl-Marx-Straße 54
>
> Markkleeberg
>
> 7113

Das Komma bei *Zeitangaben*

R 110 Das Datum kann nach Angabe des Ortes oder des Wo-
chentags als Glied einer Aufzählung betrachtet werden; es steht
im Akkusativ und wird durch Komma abgetrennt:

> Berlin, den 23. Juli 1984
> oder Berlin, am 23. Juli 1984
> oder Berlin, (den) 23. 7. (19)84
> oder Montag, (den) 23. Juli (19)84
> Die Versammlung findet (am) Montag, den 23. Juli 1984 statt.

Am besten behandelt man das Datum jedoch als nachgestellte
Apposition zur Tagesangabe; es steht dann im selben Fall wie
diese und wird als nachgestellte genauere Bestimmung in Kommas eingeschlossen (vgl. R 124):

> Die Versammlung findet am Montag, dem 23. Juli 1984, statt.

R 111 Als Aufzählungen gelten alle nach dem Datum stehen-
den Zeitangaben, auch die Uhrzeit:

> Freitag, den 2. März 1984, vormittags (oder 10 Uhr) wurde die
> neue Schwimmhalle eingeweiht.

Soll die Uhrzeit besonders hervorgehoben werden, so wird sie als nachgestellte Fügung in Kommas eingeschlossen:

> Am 2. März 1984, (und zwar) um 10 Uhr, wurde die neue Schwimmhalle eingeweiht.

R 112 Wenn die Zeitangabe drei Glieder hat, steht zwischen Datum und Uhrzeit stets ein Komma, auch dann, wenn die Bezeichnung der Uhrzeit mit einer Präposition *(gegen, um)* gebildet wird:

> Freitag, den 2. März, gegen (oder um) 10 Uhr wurde die neue Schwimmhalle eröffnet.

Sind nur zwei Zeitangaben vorhanden, so können diese als eine einzige Zeitangabe aufgefaßt werden, bei der die Uhrzeit ohne Komma angeschlossen wird:

> Am 2. März 1984 (um) 10 Uhr wurde die neue Schwimmhalle eröffnet.
>
> (Am) Freitag (um) 10 Uhr wurde die neue Schwimmhalle eröffnet.

Die Verbindung von Adverb (z. B. *vormittags, mittags, abends*) und Uhrzeit gilt als Einheit; man setzt deshalb kein Komma zwischen diesen Angaben:

> Freitag, den 2. März, vormittags (um) 10 Uhr wurde die neue Schwimmhalle eröffnet.

R 113 Die folgende Tabelle gibt eine Übersicht über die Kommasetzung bei Zeitangaben:

Aufzählung (Einzelkomma)	*Apposition* (Doppelkomma)
Leipzig, (den) 1. August 1984 Mittwoch, (den) 1. 8. (19)84	
Die Versammlung findet (am) Mittwoch, den 1. August 1984 statt.	Die Versammlung findet am Mittwoch, dem 1. August 1984, statt.
Mittwoch, den 1. August 1984, (um) 10 Uhr findet die Versammlung statt.	Mittwoch, den 1. August 1984, (um) 10 Uhr, findet die Versammlung statt.

mit Komma	ohne Komma
Mittwoch, den 1. August (gegen oder um) 10 Uhr	Am 1. August (gegen oder um) 10 Uhr (Am) Mittwoch (um) 10 Uhr vormittags (um) 10 Uhr

Das Komma bei *Namen und Titeln*

■ **R 114** Namen und Titel, die dem Familiennamen vorangehen, stehen ohne Komma:

> Hermann Christian Joachim Meier;
> Direktor Prof. Dr. phil. Dr. jur. Otto Unger

Stehen vor einem Namen mehrere Berufsbezeichnungen und nichtakademische Ehrentitel, so bilden sie eine Aufzählung und haben in der Regel zwischen sich ein Komma:

> Nationalpreisträger, Verdienter Arzt des Volkes, Chefarzt Prof. Dr. Taubert;
> Held der Arbeit, Träger des Vaterländischen Verdienstordens und des Ordens Banner der Arbeit Horst Schulze

■ Dem Familiennamen nachgestellte Namen und Titel werden durch Komma abgetrennt (vgl. R 128):

> Meier, Hermann Christian Joachim; Unger, Otto, Prof. Dr. phil. Dr. jur., Direktor

■ **R 115** Der nachgestellte Familienname kann – mit oder ohne Vornamen oder akademische Titel – entweder als letztes Aufzählungsglied oder als Apposition zur vorangehenden Bezeichnung der Dienststellung aufgefaßt werden. Als Apposition wird der Name in Kommas eingeschlossen (vgl. R 129).

> *Aufzählung:* Der Vorsitzende des Forschungsrates der Deutschen Demokratischen Republik, Leiter des Physikalisch-Chemischen Instituts der Akademie der Wissenschaften der DDR, Nationalpreisträger Prof. Dr. Dr. h.c. Thießen eröffnete die Tagung.
> *Apposition:* Die Teilnehmer der Hauptversammlung wurden durch den Präsidenten der Goethe-Gesellschaft, Prof. Dr. Karl-Heinz Hahn, und den Oberbürgermeister der Stadt Weimar, Prof. Dr. Gerhard Baumgärtel, begrüßt.

82

■ **R 116** Das Komma steht bei Angaben von Buchtiteln und bei Aufzählungen von Stellenangaben in Büchern oder Zeitschriften. Zwischen dem Ort der Herausgabe und der Jahreszahl des Erscheinens wird in der Regel kein Komma gesetzt:

> Dieter Nerius, Untersuchungen zu einer Reform der deutschen Orthographie, Berlin 1975, S. 125
> W. Fleischer, Wortbildung der deutschen Gegenwartssprache, 5. Auflage, VEB Bibliographisches Institut Leipzig(,) 1983
> … in der „Sprachpflege", Jg. 1983, Heft 4, S. 49(,) lesen wir …

Statt der Kommas können bei Literaturangaben in Fußnoten und Literaturverzeichnissen auch ein Doppelpunkt, Punkte oder Klammern verwendet werden (vgl. R 70 und R 201):

> Nerius, D.: Untersuchungen zu einer Reform der deutschen Orthographie. (= Sprache und Gesellschaft Bd. 6). Akademie-Verlag(,) Berlin(,) 1975, S. 125
> *oder* D. Nerius: Untersuchungen zu einer Reform der deutschen Orthographie. Berlin (Akademie-Verlag) 1975, S. 125

Bei Wiederholung des Zitats im selben Buch oder Aufsatz:

> D. Nerius, a. a. O.(,) S. 125 *oder* D. Nerius, Untersuchungen, S. 125
> Viewweger, D. (Hrsg.): Probleme der semantischen Analyse. Von einem Autorenkollektiv unter der Leitung von D. Viewweger (= Studia grammatica XV), Berlin 1977
> Hermann Kant: Die Aula. 5. Aufl. Berlin 1967

R 117 Bei Hinweisen auf Gesetze, Verordnungen usw. steht kein Komma:

> § 6 Abs. 8 Satz 2 der Verordnung
> So wird im § 8 Absatz 1 der STVZO bestimmt: „Fahrzeuge dürfen nur in Betrieb genommen werden, wenn sie sich in einem verkehrs- und betriebssicheren Zustand befinden."

Doppeltes Komma

Das Doppelkomma ist – ebenso wie die Klammern, die Anführungszeichen und der doppelte Gedankenstrich – ein Hervorhebungszeichen. Im einfachen Satz umschließt es Wörter oder Wortgruppen, die besonders hervorgehoben werden oder die zur Ergänzung, Präzisierung oder Erläuterung des Inhalts eines oder mehrerer Satzglieder oder des ganzen Satzes eingefügt werden. Das Doppelkomma zeigt an, daß der Satzverlauf durch einen Einschub unterbrochen und danach wieder aufgenommen wird. Nach dem Gesetz der Kontraktion (vgl. S. 66) kann das eröffnende oder das schließende Kommazeichen durch ein Satzschlußzeichen aufgehoben werden, wenn der Einschub an den Anfang oder an das Ende des Satzes rückt:

> Euch, meine lieben Gäste, heiße ich herzlich willkommen!
> Meine lieben Gäste, ich heiße euch herzlich willkommen!
> Ich heiße euch herzlich willkommen, meine lieben Gäste!

Das Doppelkomma steht nicht, wenn ein Wort oder eine Wortgruppe als Satzglied oder Gliedteil in den Satzverlauf einbezogen ist:

> Ich heiße meine lieben Gäste herzlich willkommen.

Das Komma bei *hervorgehobenen Satzgliedern*

Satzglieder, die nicht in das Beziehungsgefüge des Satzes einbezogen, sondern nur sehr lose mit den anderen Satzgliedern verbunden sind, stehen meist am Anfang oder am Ende des Satzes und werden dadurch besonders hervorgehoben. Solche hervorgehobenen Satzglieder sind die betonte Anrede, betonte Interjektionen, die betonte Bejahung, die Verneinung und die Aufforderung *bitte*. Hervorgehobene Satzglieder werden vom übrigen Satz durch Komma getrennt oder, wenn sie in den Satz eingeschaltet sind, in Kommas eingeschlossen.

■ **R 118** Das Komma grenzt die betonte Anrede ab:

> Ihr Langschläfer, wollt ihr nicht endlich aufstehen?
> Bürger, schützt eure Anlagen!
> Kraftfahrer, haltet Abstand! Journalisten, näher ans Leben! (H. Kant)
> Du, stell dir vor, was mir heute passiert ist!
> „... Übrigens finden wir Ihren Lebenslauf auch vom Stil her beachtlich, nicht wahr, Kollege Fuchs." (H. Kant)

Eine in den Satz eingeschaltete Anrede wird in Kommas eingeschlossen:

„Langsam, Gabriele, take care, mein Engel, und halte den Mund zu", hatte Herr Klöterjahn gesagt. (Th. Mann)

„Nehmen Sie Ihre Tasche, Wolzow, und verlassen Sie auf der Stelle das Schulhaus ..." (D. Noll)

„Bloß der Hund lag da, lag in der Sonne und pennte. Der schnarchte, du, aber wie!" (H. Kant)

R 119 Ist die Anrede ohne besondere Betonung in den Satzverlauf einbezogen, so steht sie ohne Kommas:

Wann steht ihr Langschläfer nun endlich auf! Ihr Langschläfer wollt wohl heute gar nicht aufstehen!

Aber: Wollt ihr nicht endlich aufstehen, ihr Langschläfer!

R 120 Statt des Ausrufezeichens nach der Anrede in Briefen kann, besonders bei Briefen persönlicher Art, ein Komma stehen. Das folgende Wort wird dann, wenn es kein Substantiv oder kein Anredepronomen ist, klein geschrieben (vgl. R 45):

Lieber Onkel Rudi,

daß Du uns nächste Woche besuchen willst, freut uns sehr.

■ **R 121** Das Komma steht bei betonten Interjektionen, der betonten Bejahung, Verneinung und der Aufforderung *bitte*, wenn diese als dringender Wunsch aufgefaßt wird (vgl. R 39):

Oh, wie ist es kalt geworden!

Ach, ich kenne ihn bereits so genau, den Tod, diese letzte Enttäuschung! (Th. Mann)

Mensch, Journalist, das ist schon ein Luftgeschäft, und nun noch freischaffend. Junge, Junge, deine Zeit möchte ich einmal haben! (H. Kant)

„Jetzt geht dir der Arsch vorm Sitzenbleiben, ha?" (D. Noll)

Ja, sie machte Eindruck, die Frau, die Herrn Klöterjahns Namen trug! (Th. Mann)

Nein, sie hatte keinen Farbenreiber und Kleckser geheiratet. (H. Fallada)

Bitte, nehmen Sie doch Platz! Nein, danke, ich habe schon gegessen.

Eine in den Satz eingeschaltete Interjektion, Bejahung, Verneinung oder Bitte wird in Kommas eingeschlossen:

„... Und die Frida Brandt, oh, die kenn ich ganz gut ..." (Th. Fontane)

Vor acht Jahren noch, ach, vor fünf Jahren noch hatte das vor ihm gewinselt und sklavisch versucht, ihm die Hand zu küssen –! (H. Fallada)

„Daß sie alles tun, was auch wir getan hätten, um sie zu finden, ja, das glaub ich gewiß." (A. Seghers)

Da waren zwei, nein, drei Pistolentaschen. (D. Noll)

R 122 Kein Komma steht, wenn diese Wörter in den Satzverlauf einbezogen werden:

O wäre ich schon zu Hause!

„Phosphor war ja auch schon da, eh die Schwedischen aufkamen." (Th. Fontane)

Könnten Sie mir bitte sagen, wie spät es ist?

„O ja", erwiderte Doktor Leander entgegenkommend. (Th. Mann)

R 123 Wie Interjektionen werden auch Ausdrücke der Stellungnahme (Zustimmung, Bekräftigung, Zweifel, Bedauern, Vergewisserung, Ermunterung) behandelt. Sie sind eigentlich verkürzte Sätze, können aber als Adverbialbestimmungen in den Satzverband einbezogen werden:

„Sie sind Robert Iswall, nicht wahr? Einen merkwürdigen Namen haben Sie." (H. Kant)

Schade, dreimal schade, daß er seinen Parisern nichts erzählen darf. (L. Feuchtwanger)

„Sie hat also diesem Narren gesagt", fuhr Sadovski fort, „so, jetzt ist die Eugenie soweit ..." (A. Seghers)

„Gewiß, meine Mutter war eine Pommersche, noch dazu von der Insel Usedom, und ihr Bruder, nun ja, der hieß Dubslav ..." (Th. Fontane)

Gewiß verzog Sadovski jetzt sein Gesicht, und mittendrin riß es ab – von Ernst zu Spott; vielleicht, wer weiß, war es aber auch umgekehrt, von Spott zu Ernst. (A. Seghers)

„Wieder eine Besorgung zu machen an Ihre Frau – na, na." (H. Böll)

„Gut, ich seh mir's an, reg dich nicht auf ..." (A. Seghers)

Schön, sehr schön, nur, wie hält man die Sachen von allgemeinem und objektivem Interesse und diese persönlichen Memoirenkringel auseinander? (H. Kant)

Das Komma bei *nachgestellten näheren Bestimmungen*

Nachgestellte nähere Bestimmungen unterbrechen als Einschübe oder Zusätze den normalen Satzverlauf. Es handelt sich dabei um Wörter oder Wortgruppen, die zum Zwecke der näheren Bestimmung, Präzisierung oder Erläuterung eines vorhergehenden Satzgliedes oder des ganzen Satzes nachträglich hinzugefügt werden: die nachgestellte Apposition, nachgestellte, meist erklärende Fügungen sowie nachgestellte Adjektive und Partizipien. Da sie im eigentlichen Satzplan nicht vorgesehen sind, bilden sie eine Unterbrechung, die vom Schreibenden durch ein Doppelkomma gekennzeichnet wird; am Satzende wird das schließende Komma durch das Satzschlußzeichen aufgehoben. In einigen Fällen kann der Schreibende selbst entscheiden, ob er eine Wortgruppe als Glied einer Aufzählung (mit Einzelkomma) oder als Apposition (mit Doppelkomma) kennzeichnen will.

■ **R 124** Die nachgestellte Apposition wird in Kommas eingeschlossen (vgl. auch R 108 und R 110):

> Johann Gutenberg, der Erfinder des Buchdrucks mit beweglichen Metalltypen, starb am 3. 2. 1468.
>
> „... Ja, in solchem grauen Giebelhause, einem alten Kaufmannshause mit hallender Diele und weiß lackierter Galerie, bin ich geboren."   (Th. Mann)
>
> Einen, Martin, hatten sie noch aus dem Stein herausgegraben.   (A. Seghers)
>
> Sie hatte einen Gesandtschaftsattaché geheiratet, einen tätigen Mann, Mensch im Umgang mit Menschen, einen künftigen Botschafter.   (H. Fallada)
>
> Weiter flußaufwärts endete der Park, und die Halbinsel ging in den „Schwarzbrunn" über, eine mehrere Quadratkilometer große, unwegsame und wilde Sumpflandschaft, ein Labyrinth verlandender toter oder mit dem Fluß verbundener Flußarme und schilfgesäumter Tümpel, eine morastige Niederung, die vom festen Ufer her nur im Sommer bei niedrigem Wasserstand zugängig war.   (D. Noll)

R 125 Steht eine nachgestellte Apposition am Ende des Satzes, so steht statt des schließenden Kommas das Satzschlußzeichen (Punkt, Ausrufe- oder Fragezeichen):

Der Wohnungsinhaber war ein armer Hund, ein Buchhalter mit höherer Schulbildung.   (H. Kant)

Jenseits derselben aber steigt das Herrenhaus auf, ein gelbgetünchter Bau mit hohem Dach und zwei Blitzableitern.   (Th. Fontane)

Hier ist „Einfried", das Sanatorium!   (Th. Mann)

R 126 Die vorangestellte Apposition ist dagegen eng mit ihrem Bezugswort verbunden und wird nicht durch Komma abgegrenzt:

Die Blumenstadt Erfurt; der berühmte Dichter Klopstock; Seebad Heringsdorf; Dieter Nolls bekannter Roman „Kippenberg"

R 127 Nachgestellte Beinamen stehen ohne Kommas, wenn sie zum Bestandteil des Namens geworden sind:

Hans Holbein der Ältere; Kurfürst Friedrich der Weise; Heinrich VIII.   (= der Achte)

Enthält der Beiname jedoch ein Attribut, so muß das Komma stehen, ebenso bei mehreren Beinamen:

Friedrich Wilhelm, der Große Kurfürst; Ludwig XIV., der Sonnenkönig

■ **R 128**   Dem Namen nachgestellte Titel und Berufsbezeichnungen werden als Apposition in Kommas eingeschlossen (vgl. R 114):

Wir baten Frau Dr. rer. nat. Anneliese Eitner, Leiter der Spezialabteilung Gerontologie und Oberassistentin am Lehrstuhl für Arbeitshygiene an der Humboldt-Universität zu Berlin, ... um ein Interview zu diesen Fragen.   (Guter Rat)
Prof. Dr. Karl-Heinz Hahn, Präsident der Goethe-Gesellschaft, und Prof. Dr. Gerhard Baumgärtel, Oberbürgermeister der Stadt Weimar, begrüßten die Gäste.

■ **R 129**   Stehen Titel und Berufsbezeichnungen vor dem Namen, so liegt es im Ermessen des Schreibenden, ob der Name als Bezugswort für die voranstehende Berufsbezeichnung aufgefaßt oder ob er als nachgestellte Apposition verstanden werden soll. Im ersten Fall bildet der Name mit dem Titel oder der Berufsbezeichnung eine Einheit und wird nicht in Kommas eingeschlossen (vgl. R 114 und 115):

Direktor Prof. Dr. phil. Dr. jur. Otto Unger; der Chefarzt und
Verdiente Arzt des Volkes Prof. Taubert vom Oskar-Ziethen-
Krankenhaus Berlin

■ Als nachgestellte Apposition wird der Name in Kommas eingeschlossen:

Der Präsident der Goethe-Gesellschaft, Prof. Dr. Karl-Heinz
Hahn, und der Oberbürgermeister der Stadt Weimar, Prof.
Dr. Gerhard Baumgärtel, begrüßten die Gäste.

Der Schreibende hat die Möglichkeit, durch das Setzen der
Kommas die Einmaligkeit einer bestimmten Funktion anzudeuten. Dem Satz *Der Oberingenieur, Müller, hält diese Maßnahme für*
richtig könnte man entnehmen, daß der Betrieb nur e i n e n
Oberingenieur, nämlich Müller, hat, während man umgekehrt
aus dem Fehlen der Kommas schließen könnte, daß es im Betrieb mehrere Oberingenieure gibt, deren einer – mit Namen
Müller – hier gemeint ist. Beide Varianten sind möglich und
richtig. Sind die Berufsbezeichnungen vor dem Namen besonders umfangreich oder wird der Name als bekannt vorausgesetzt, sollte man ihn in Kommas setzen, ebenso, wenn Mißver-
ständnisse entstehen können.
In dem Satz *Der Stellvertreter des Ratsvorsitzenden Müller sprach*
über das Wohnungsbauprogamm wird nicht deutlich, ob der
Ratsvorsitzende oder sein Stellvertreter *Müller* heißt. Im letzteren Fall müßte der Name in Kommas eingeschlossen werden.

R 130 Fehlt das schließende Komma nach einer Apposition,
so entsteht eine Aufzählung, und der Sinn des Satzes kann dadurch verändert werden.
In dem Satz *Karl, mein Bruder, und ich wollen morgen angeln ge-*
hen zeigt das Komma nach dem Wort *Bruder* an, daß es sich
im ganzen um zwei Personen handelt; *mein Bruder* ist als nachgestellte Apposition zu *Karl* in Kommas eingeschlossen. Würde
dagegen das Komma nach *Bruder* fehlen, so hätten wir eine Aufzählung von drei Personen vor uns: *Karl, mein Bruder und ich*
wollen morgen angeln gehen.

R 131 Zusätze zum Namen wie *geb., verh., verw., gesch.* werden
in der Regel als Bestandteil des Namens ohne Kommas angeschlossen:

Frau Martha Scholz verw. Kluge; der Geburtsort von Frau Re-
gine Schmidt geb. Kühn ist unbekannt.

89

Diese Zusätze können jedoch auch als Apposition in Kommas stehen:

> Der Geburtsort von Frau Regine Schmidt, geb. Kühn, ist unbekannt.

Zwei oder mehrere Zusätze dieser Art werden stets in Kommas eingeschlossen:

> Frau Martha Scholz, geb. Schmidt, verw. Kluge, war als Zeugin erschienen.

R 132 In der nachfolgenden Tabelle werden die verschiedenen Möglichkeiten der Kommasetzung bei Namen mit Beinamen, Titeln und Berufsbezeichnungen noch einmal übersichtlich dargestellt:

ohne Kommas	mit Kommas
Hans Holbein der Ältere (R 127)	Friedrich Wilhelm, der Große Kurfürst
	Prof. Neumann, Chefarzt der Kinderklinik, sagte … (R 128)
der Chefarzt der Kinderklinik Prof. Neumann sagte uns … (R 129)	der Chefarzt der Kinderklinik, Prof. Neumann, sagte uns …
Direktor Prof. Dr. phil. Otto Unger	Unger, Otto, Prof. Dr. phil., Direktor
Frau Regine Schmidt geb. Kühn trat als Zeugin auf.	Frau Regine Schmidt, geb. Kühn, trat als Zeugin auf (R 131)

■ **R 133** Nachgestellte Fügungen, die den Inhalt des Satzes ergänzen oder einschränken, werden in Kommas eingeschlossen, oder sie werden durch ein Komma abgegrenzt, wenn sie am Ende des Satzes stehen.
Solche Fügungen werden oft durch Konjunktionen, Adverbien oder formelhafte Wendungen wie *also, besonders, das heißt, das ist, insbesondere, namentlich, nämlich, und zwar, und das, wie* (= z. B.), *z. B., vor allem, außer, wenn auch, einschließlich, entgegen, bis auf, trotz* u. ä. angeschlossen:

> Obst, besonders Äpfel und Birnen, esse ich gern. Einmal hört alles auf, und zwar jetzt.   (A. Seghers)

Die Befürworter einer Verbesserung und Entwicklung der sowjetisch-amerikanischen Beziehungen haben starke Verbündete, nämlich die Bürger beider Länder, aller Völker der Welt.

Das älteste Kind hat freilich die Masern, und die Frau, das heißt die Gemahlin ..., die erwartet wieder. (Th. Fontane)

„... Geld, insbesondere auf kurze Sicht, können Sie von mir ohne weiteres haben ...“ (L. Feuchtwanger)

Er sei Fahnenjunker a. D., also ohne alle Bezüge. (H. Fallada)

Nachgestellte Fügungen werden auch in Kommas eingeschlossen, wenn sie nicht durch Konjunktionen, Adverbien oder formelhafte Wendungen wie *also, besonders, d. h.* eingeleitet werden. Ein Komma steht stets dann, wenn man tatsächlich oder in Gedanken *und zwar* ergänzen kann:

„... Die Welt um den Alexanderplatz herum hat übrigens so ihren eigenen Zauber, schon um einer gewissen Unresidenzlichkeit willen ...“ (Th. Fontane)

Es war noch ganz früh am Tage, etwa um fünf Uhr. (Th. Mann)

Und nun, von heute an, würde sie doch bei ihm bleiben, für immer. (H. Fallada)

Als sie damals, vor drei Jahren, kaum siebzehnjährig, seine Flugschriften las, hatte die klingende, funkelnde Attacke gegen die Ungerechtigkeit sie aufgerührt in ihren Tiefen. (L. Feuchtwanger)

Was aber hätte sie auch bei diesem Menschen anfangen sollen, heute, morgen, immer? (A. Seghers)

Ich hätte dort bleiben mögen, stundenlang, sitzen und warten. (H. Böll)

Als er weiterging, sah er einen flammend roten Rock, von weitem, auf der gegenüberliegenden Seite des Marktplatzes. (D. Noll)

Als Hund darf man von den Menschen nichts Gutes erwarten, als Mensch auch nicht, aber das braucht dich ja nicht zu interessieren. (H. Kant)

R 134 Stehen diese Fügungen nicht unmittelbar hinter ihrem Bezugswort, so kann der Schreibende selbst entscheiden, ob er sie durch Kommas abgrenzen oder aber als Satzglied ohne Kommas in den Satz einbeziehen will. In folgenden Sätzen könnten die Kommas demnach auch fehlen:

Vor Bentschs Gesicht, an einem überhängenden Zweig, zitterte ein dünner Eiszapfen aus Glas. (A. Seghers)

Übrigens ist, neben Herrn Doktor Leander, noch ein zweiter Arzt vorhanden, für die leichten Fälle und die Hoffnungslosen. (Th. Mann)

Der Rabenfelsen lag nahe der Stadt, hinter der Bismarckhöhe. (D. Noll)

Dabei kann sich jedoch der Sinn des Satzes ändern:

Katharina, hinter dem Tisch, nähte heute nicht, des Feiertags halber. (A. Seghers)

(Das Komma nach *nicht* macht deutlich, daß Katharina nicht nähte. Bei fehlendem Komma näht sie, aber nicht wegen des Feiertags).

Die Schreibweise ohne Kommas setzt voraus, daß diese adverbialen Bestimmungen an einer Stelle des Satzes stehen, die sie bei normaler Satzgliedfolge einnehmen können. Nach einer adverbialen Bestimmung am Satzanfang darf nie ein Komma stehen (vgl. R 94); am Satzende wird sie jedoch meistens durch Komma abgegrenzt (vgl. auch die Tabelle unter R 142).

R 135 Nachgestellte Fügungen können außer in Kommas auch in Klammern oder Gedankenstriche eingeschlossen werden (vgl. R 81 und R 200):

Ingrid hat sich – vor allem in den letzten Monaten – in ihren Leistungen gesteigert.

Ihr könnt mich (allerdings nur noch bis Sonntag) an meinem Urlaubsort besuchen.

R 136 Werden attributive Adjektive oder Partizipien sowie Teile eines zusammengesetzten Prädikats durch nachgestellte Fügungen näher bestimmt, so entfällt danach das schließende Komma:

Kostbare, insbesondere seidene oder golddurchwirkte Stoffe werden für Abendkleider bevorzugt. Wir freuen uns, daß Du unsere Einladung annehmen, d. h. uns über das Wochenende besuchen willst.

■ **R 137** Werden nachgestellte Fügungen mit *wie* in der Bedeutung *wie zum Beispiel* angeschlossen, so können sie entweder als Appositionen in Kommas eingeschlossen werden oder als ver-

gleichende Aufzählungen ohne Kommas stehen (vgl. R 95).
Wenn der Satz auch ohne den eingeschobenen Vergleich einen
vollständigen Sinn ergibt, sollte man die Kommas setzen:

> Gundermann, wie alle an Kongestionen Leidende, fand es
> überall zu heiß ... (Th. Fontane)
> Sie bekannte sich, wie das ganze fortschrittliche Paris, herzhaft
> zur Sache der Amerikaner ... (L. Feuchtwanger)
> Ursula Bentsch hatte, wie jeden Abend, vor ihrem Platz Näh-
> zeug liegen. (A. Seghers)

Aber ohne Kommas:

> Metalle wie Gold und Silber sind Edelmetalle.

In jedem Fall wird das Vergleichsglied in Kommas eingeschlossen, wenn es sich dabei um einen vollständigen Nebensatz handelt (vgl. R 185):

> Er betrachtete sie verächtlich, wie er alle Mädchen betrachtete,
> die ihm mißfielen. (A. Seghers)

R 138 Das Komma steht vor nachgestellten Satzgliedern, an
die sich Nebensätze anschließen:

> Was ging eigentlich in ihm vor, bei dem, was nun ge-
> schah? (Th. Mann)
> Er war von neuem hochgeklettert und schließlich hinauf zu
> diesem höchsten Gipfel, hinauf zu der Mission, mit der man
> ihn heute betraut hatte. (L. Feuchtwanger)
> In die vollständige Stille fiel ein jedes Wort schwer und ein-
> zeln, in einen tiefen Grund, in dem man nichts mehr aufschla-
> gen hört. (A. Seghers)
> Oft fällt mein Blick in den Spiegel, so oft, wie ich den Eimer
> füllen muß ... (H. Böll)
> Er hatte auf einem Schemel gestanden, unter der einzigen,
> schwachen Glühbirne, die nachts in der großen Lagerbaracke
> brannte. (H. Kant)

R 139 Nach *das heißt, das ist* und *zum Beispiel* steht nur dann
ein Komma, wenn ein neben- oder untergeordneter Satz oder
ein erweiterter Infinitiv folgt; steht danach nur ein erläuterndes
Satzglied, so wird kein Komma gesetzt:

> Im nächsten Jahr, d. h., wenn sie ihr Studium beendet haben,
> wollen sie heiraten.

Früher habe ich sie, z. B.(,) wenn sie zur Schule ging, oft getroffen.

Aber: Früher habe ich, sie, z. B. auf dem Schulweg, oft getroffen.

Sie versuchte, sich aus dem Staube zu machen, d. h., heimlich zu verschwinden.

■ **R 140** Dem Substantiv nachgestellte Adjektive und Partizipien werden in der Regel durch Kommas abgegrenzt, besonders wenn sie mit Artikel verbunden sind oder wenn es sich um mehrere Adjektive oder Partizipien handelt:

„... Mein Haus in Meudon, das kleine, mit dem verwilderten Garten, das du so gern hast, darf ich es dir schenken?" (L. Feuchtwanger)

Da ist das Bild. Jawohl, es ist alles richtig: Junge Frau am Fenster, wartend. (H. Fallada)

Sicher, Sadovskis Gesicht, zerschunden und spöttisch, stand dem seinen noch immer genau gegenüber. (A. Seghers)

... denn hinten im Spiegel sehe ich sie, meine beiden Kleinen, zerstochen und häßlich, fiebernd und schreiend, ihre kleinen Körper von nutzlosen Injektionen geschwollen. (H. Böll)

Die Flut der Töne, dissonant und erregend, dann wieder harmonisch, verwirrte Holt. (D. Noll)

Da hatte bei uns in der Zeitung gestanden: ‚Dobermann, reinrassig, mannscharf, umständehalber abzugeben'. (H. Kant)

R 141 Ohne Kommas stehen unflektierte nachgestellte Adjektive in festen oder dichterischen Fügungen:

Hänschen klein; Röslein, Röslein, Röslein rot (Goethe);
Bei einem Wirte wundermild ... (Uhland)
Brüderlein fein; Es ist ein Ros' entsprungen aus einer Wurzel zart (Weihnachtslied)
Karpfen blau; Aal grün (aber: Karpfen, ausgenommen, kg 5,00 M)

Vorangestellte Attribute stehen ohne Komma (vgl. R 92).

R 142 Die folgende Tabelle gibt eine Übersicht über die Kommasetzung bei nachgestellten Fügungen:

mit Komma	ohne Komma

Sie steht, besonders im Winter, ungern zeitig auf.
Sie steht ungern zeitig auf, besonders im Winter.

Sie steht besonders im Winter ungern zeitig auf.
Besonders im Winter steht sie ungern zeitig auf.

Er hat, z. B. als Gewerkschaftsvertreter, gute Arbeit geleistet.
Er hat gute Arbeit geleistet, z. B. als Gewerkschaftsvertreter.

Er hat z. B. als Gewerkschaftsvertreter gute Arbeit geleistet.
Z. B. als Gewerkschaftsvertreter hat er gute Arbeit geleistet.

Ihr könnt mich, allerdings nur noch bis Sonntag, besuchen.
Ihr könnt mich besuchen, allerdings nur noch bis Sonntag.

Ihr könnt mich allerdings nur noch bis Sonntag besuchen.
Allerdings könnt ihr mich nur noch bis Sonntag besuchen.

Der Tierarzt hat dreimal in der Woche, und zwar montags, mittwochs und freitags, Sprechstunde.

Für die Interpunktion, namentlich für die richtige Kommasetzung, sind grammatische Grundkenntnisse wichtig.

Namentlich für die richtige Kommasetzung sind grammatische Grundkenntnisse wichtig.

Ihre Orthographie läßt, namentlich auf dem Gebiet der Interpunktion, zu wünschen übrig.

Ihre Orthographie läßt namentlich auf dem Gebiet der Interpunktion zu wünschen übrig.

Nachmittags kommt, vor allem im Süden, Gewitterneigung auf.
Nachmittags kommt Gewitterneigung auf, vor allem im Süden.

Nachmittags kommt vor allem im Süden Gewitterneigung auf.
Vor allem im Süden kommt nachmittags Gewitterneigung auf.

Sie hatte, trotz aller guten Vorsätze, wieder zu rauchen angefangen.
Sie hatte wieder zu rauchen angefangen, trotz aller guten Vorsätze.

Sie hatte trotz aller guten Vorsätze wieder zu rauchen angefangen.
Trotz aller guten Vorsätze hatte sie wieder zu rauchen angefangen.

Die Fahrtkosten betragen 25,00 M, einschließlich D-Zug-Zuschlag.
Die Fahrtkosten, einschließlich D-Zug-Zuschlag, betragen 25,00 M.

Die Fahrtkosten betragen 25,00 M einschließlich D-Zug-Zuschlag.

Die Fahrtkosten einschließlich D-Zug-Zuschlag betragen 25,00 M.

mit Komma	ohne Komma
Alle Gewerkschaftsmitglieder, einschließlich des Vorsitzenden, waren einverstanden.	Alle Gewerkschaftsmitglieder einschließlich des Vorsitzenden waren einverstanden.
Ihr Gehalt beträgt 850,00 M, zuzüglich 20,00 M Kindergeld.	Ihr Gehalt beträgt 850,00 M zuzüglich 20,00 M Kindergeld.
Sie können mich, ausgenommen am Wochenende, telefonisch erreichen.	
Sie können mich, außer am Wochenende, immer telefonisch erreichen.	Sie können mich außer am Wochenende immer telefonisch erreichen.
Sie können mich immer telefonisch erreichen, außer am Wochenende.	
Alle Verwandten, bis auf meinen Vetter Uwe, waren der Einladung gefolgt.	Alle Verwandten bis auf meinen Vetter Uwe waren der Einladung gefolgt.
Alle Verwandten waren der Einladung gefolgt, bis auf meinen Vetter Uwe.	Alle Verwandten waren der Einladung gefolgt bis auf meinen Vetter Uwe.
Wir haben, bis auf die Unterbringung, alle Probleme gelöst.	Wir haben bis auf die Unterbringung alle Probleme gelöst.
Wir haben alle Probleme gelöst, bis auf die Unterbringung.	Wir haben alle Probleme gelöst bis auf die Unterbringung.
Auf der Wiese, unter dem großen Kirschbaum, war es schattig und kühl.	Auf der Wiese unter dem großen Kirschbaum war es schattig und kühl.
Sie hatte, neben ihrer Berufstätigkeit, noch zahlreiche gesellschaftliche Verpflichtungen.	Sie hatte neben ihrer Berufstätigkeit noch zahlreiche gesellschaftliche Verpflichtungen.
Am folgenden Tag, während der Mittagspause, sprach er mich an.	Am folgenden Tag während der Mittagspause sprach er mich an.

Das Komma in der Satzverbindung

Der Satz bildet eine sogenannte rekursive Einheit, d. h., ein Satz kann wiederum Sätze als Konstituenten (Bestandteile) enthalten, ein zusammengesetzter Satz also aus mehreren Teilsät-

zen bestehen, die wiederum eine nach demselben Prinzip aufgebaute Struktureinheit darstellen. Die Beziehungen zwischen diesen Teilsätzen können, ebenso wie diejenigen der Satzglieder oder Gliedteile im einfachen Satz, entweder den Charakter der Nebenordnung (Parataxe) oder den Charakter der Unterordnung (Hypotaxe) tragen. Durch Nebenordnung können Sätze zur Satzverbindung erweitert werden, zu einer Verbindung von koordinierten (nebengeordneten) Sätzen, die sowohl syndetisch, d. h. mit Hilfe von Konjunktionen, als auch asyndetisch, d. h. ohne ein solches Bindeglied, erfolgen kann. Im letzten Fall behalten die koordinierten Sätze weitgehend ihren selbständigen Charakter, sie könnten unabhängig voneinander existieren und durch einen Punkt getrennt werden. Die Funktion des Kommas in der Satzverbindung scheint eindeutig und klar festgelegt: Es hat die Aufgabe, relativ selbständige Hauptsätze, die nach ihrer intonatorischen, syntaktischen und Bedeutungsstruktur als einheitliches Ganzes in Erscheinung treten und als solche Ganzheiten auch für den Laien erkennbar sind, gegeneinander abzugrenzen. Diese Aufgabe hat es gemeinsam mit dem Punkt und dem Semikolon, und es liegt größtenteils im Ermessen des Schreibenden, welches der drei Interpunktionszeichen er verwenden will. Das Komma schließt die Gedankenfolge nicht so entschieden ab wie der Punkt und trennt weniger stark als das Semikolon. Trotzdem gibt es kaum einen Punkt unserer Kommaregelung – wenn wir von der Kommasetzung beim erweiterten Infinitiv absehen –, der in den bisherigen Bemühungen um eine Reform unserer Zeichensetzung so lebhaft diskutiert worden wäre wie das Komma in der Satzverbindung. Selbstverständlich geht es dabei nicht um die unverbundenen (asyndetisch verknüpften) Hauptsätze, die eine Aufeinanderfolge selbständiger Satzstrukturen darstellen und in denen ein Nebeneinander von Sachverhalten ohne besondere zweckbestimmte Beziehungen zum Ausdruck kommt. Das Komma wirkt hier als Signal für den Beginn eines neuen Sachverhalts, einer neuen Satzkonstruktion: *Das Wasser rauscht', das Wasser schwoll, ein Fischer saß daran.* (Goethe)
Die Schwierigkeit für den Schreibenden ergibt sich vielmehr aus der Vorschrift, das Komma zwischen koordinierten Hauptsätzen auch dann zu setzen, wenn diese durch *und* oder *oder* und ähnliche Konjunktionen *(beziehungsweise, weder – noch, entweder – oder)* verbunden sind. Vor allem scheint sich die verknüpfende Funktion der koordinierenden Konjunktion *und*

nicht zu vereinbaren mit der Grenzfunktion des Kommas, ja ihr geradezu entgegenzuwirken. Von der Aufzählung her kennt der Schreibende die Regel: „Kein Komma steht bei Aufzählungen grammatisch gleichartiger Satzglieder, wenn zwischen ihnen eine der folgenden Konjunktionen steht: *und, oder, entweder – oder, weder – noch, nicht – noch, sowohl – als auch, sowohl – wie, als* und *wie* im Vergleich, *wie* (= und), *sowie* (= und)" (K 404). Tatsächlich haben Aufzählung und Satzverbindung vieles gemeinsam. In beiden Fällen handelt es sich um eine Reihung gleichartiger syntaktischer Einheiten, das eine Mal um koordinierte Satzglieder oder Gliedteile, das andere Mal um koordinierte Teilsätze eines Ganzsatzes, die durchaus den Charakter einer Aufzählung haben können: *Der Vater liest die Zeitung, die Mutter strickt, und Fritz spielt mit den Klötzchen.*

Zum Widerspruch zwischen der verschiedenen Kommasetzung vor *und* bei Aufzählungen und bei koordinierten Hauptsätzen gesellt sich als besonders erschwerend noch ein zweiter: Bei Nebensätzen gleichen Grades steht ein Komma, wenn sie nicht durch *und* oder *oder* verbunden sind. Sind sie jedoch durch eine der beiden Konjunktionen verknüpft, so wird – ebenso wie in der Aufzählung – vor *und* kein Komma gesetzt: *Ich frage dich, wie du darüber denkst und ob du zufrieden bist.* Der Schreibende muß demnach in der Lage sein, die Reihung von Satzgliedern und die Reihung von Teilsätzen zu unterscheiden, d. h. die der Konjunktion *und* folgende syntaktische Einheit als vollständigen Satz mit eigenem Subjekt und Prädikat zu identifizieren. Er muß außerdem bestimmen können, ob es sich bei diesem vollständigen Satz um einen Haupt- oder einen Nebensatz handelt.

R 143 Das Komma trennt koordinierte Hauptsätze, die gedanklich eng zusammengehören. Das Komma steht auch vor den Konjunktionen *und* und *oder*, wenn sie einen Hauptsatz oder ein Satzgefüge einleiten:

> Das Wasser rauscht', das Wasser schwoll, ein Fischer saß daran. (Goethe)
> Mathematik war eine großartige Sache; man konnte erwiesenermaßen Wichtigeres damit berechnen als den Luzifer in Armlängen und den Standort der Hölle, sie war nützlich beim Billard und bei anderen Dingen, aber eine Geschichte schreiben konnte man damit auf keinen Fall, denn sie hatte es mit

dem Leben, und das hatte Buckel und Risse, und die Menschen hatten sie auch. (H. Kant)

Vormittags hatte es geregnet, doch jetzt hatten sich die Wolken zerteilt, Sonne kam durch, und Pierre genoß die feuchte Frische des schönen Maitages. (L. Feuchtwanger)

Die Herrschaften mit den Herzfehlern besprachen sich untereinander mit geröteten Wangen, der diabetische General trällerte wie ein Jüngling, und die Herren mit den unbeherrschten Beinen waren außer Rand und Band. (Th. Mann)

Im Krieg hatte er keine Heldentaten vollbracht, er war weder ein Held noch ein Widerständler gewesen, keine Orden hatten seine Brust geziert, und ebensowenig war er mit der unsichtbaren Krone des Martyriums gekrönt … (H. Böll)

„… – Aber warum denn, langt ein Pastorengehalt nicht, oder kriegen die gar kein Gehalt?" (H. Kant)

Aber der Eimer ist schon längst voll, und wenn auch Sonntag ist, ich muß gegen den Schmutz kämpfen. (H. Böll)

R 144 Mit *und* und *oder* verbundene Hauptsätze werden dann nicht durch Komma abgegrenzt,

– wenn sie kurz sind, gedanklich eng zusammengehören und das gleiche Subjekt haben:

> Er redete und er redete. Entweder sie liest oder sie sitzt vor dem Fernseher.

– wenn es sich um Imperative handelt:

> Überlegt erst gründlich und dann schreibt!
> Schließe das Heft und paß auf!

– wenn sie ein Satzglied gemeinsam haben, das nur einmal genannt wird:

> *Inge* räumt auf und gießt die Blumen. (gemeinsames Subjekt)
> Klaus *studiert* Mathematik und seine Schwester Außenwirtschaft. (gemeinsames Prädikat)
> Er besorgte und ich bezahlte *das Geschenk.* (gemeinsames Objekt)
> Sie flog und er fuhr mit dem Zug *nach Paris.* (gemeinsame Adverbialbestimmung)
> Vollständige Ruhe wurde geboten, Eisstückchen wurden geschluckt, Morphium ward gegen den Hustenreiz verabfolgt und das Herz nach Möglichkeit beruhigt. (Th. Mann)

Vorne am Altar brannten zwei Kerzen, das rote Ewige Licht brannte und die winzigen Lämpchen in den Beichtstühlen. (H. Böll)

Das Komma kann den Sinn des Satzes verändern. In dem Satz: *Drei Männer sitzen rechts und ein Mann sitzt links an der Maschine* würde ein Komma vor *und* bedeuten, daß nur der zuletzt genannte Mann an der Maschine sitzt.

R 145 Steht ein gemeinsames Satzglied als Objekt oder Adverbialbestimmung voran, so wird vor *und* kein Komma gesetzt, wenn auch der folgende Teilsatz Inversion (umgekehrte Wortstellung) zeigt:

> Frühmorgens ging er mit dem Hund spazieren und deckte seine Frau den Kaffeetisch
>
> (aber mit Komma: Frühmorgens ging er mit dem Hund spazieren, und seine Frau deckte den Kaffeetisch).

Dasselbe gilt auch bei vorangestelltem gemeinsamem Nebensatz:

> Als sie am Morgen erwachten, lachte die Sonne und zwitscherten die Vögel (aber mit Komma: ... lachte die Sonne, und die Vögel zwitscherten).

Bei nachfolgendem Nebensatz kann das Komma ebenfalls wegfallen:

> Die Sonne lachte(,) und die Vögel zwitscherten, als sie am Morgen erwachten.

R 146 Statt des Kommas kann zwischen inhaltlich zusammenhängenden Hauptsätzen auch ein Semikolon stehen. Die Entscheidung bleibt dem Schreibenden überlassen (vgl. R 62):

> Die Mädchen mischten sich ein; Robert hätte das voraussehen müssen, denn der Junge hatte dichte schwarze Locken. (H. Kant)
>
> Jemand grüßte ihn, aber er sah es nicht; er hielt den Kopf tief gesenkt, und seine hohe, spitze Brust zitterte, so schwer atmete er. (Th. Mann)

Ein Komma oder ein Punkt an dieser Stelle wären keineswegs falsch. Die Wahl des Satzzeichens hängt von der beabsichtigten Aussage und dem persönlichen Stil ab.

100

R 147 Der eingeschobene Hauptsatz (Schaltsatz) wird in Kommas eingeschlossen. Die Konstruktion des Satzes wird durch den Schaltsatz unterbrochen und danach unverändert wieder aufgenommen:

> Wenn alles zu Ende schien, das mußte sie zugeben, brachte er immer Geld … (H. Fallada)
>
> Alle Arten von Tätigkeiten, und dazu gehört das Lernen, fördern die Persönlichkeitsentwicklung, die bis ins höchste Alter möglich ist. (Guter Rat)
>
> Die Sprache, dünkt mich, ist reich, ist überschwenglich reich im Vergleich mit der Dürftigkeit und Begrenztheit des Lebens. (Th. Mann)
>
> „In diesem Falle", sagte der Polizist nach einigem Überlegen, „gebe ich Ihnen fünf Sekunden". (H. Kant)
>
> Ganz genau wie überall, dachte Katharina, ist es hier doch nicht. (A. Seghers)

Statt der Kommas können – außer bei Einschaltungen in die direkte Rede – auch Gedankenstriche oder runde Klammern stehen (vgl. R 81 und R 200):

> Die Brigade hat, das muß man anerkennen, gute Arbeit geleistet
>
> oder: Die Brigade hat – das muß man anerkennen – gute Arbeit geleistet
>
> oder: Die Brigade hat (das muß man anerkennen) gute Arbeit geleistet.

R 148 Formelhaft gebrauchte Schaltsätze werden ohne Kommas in den Satz einbezogen:

> Das habe ich dir schon wer weiß wie oft gesagt.
>
> Er ist sonst weiß Gott nicht ängstlich.

Das Komma im Satzgefüge

Im Unterschied zur Satzverbindung, die nur aus Hauptsätzen besteht, enthält das Satzgefüge außer den Hauptsätzen auch Nebensätze.

> *Satzverbindung:* Klaus hat viel gelesen, dadurch konnte er seine Deutschzensur verbessern.
>
> *Satzgefüge:* Weil Klaus viel gelesen hatte, konnte er seine Deutschzensur verbessern.

101

Der Nebensatz wird in der Regel durch ein Einleitewort (eine unterordnende Konjunktion, ein Fragewort oder ein Relativpronomen) eingeleitet und außerdem durch Endstellung der gebeugten Verbform gekennzeichnet.

Der Nebensatz ist weniger selbständig als der Hauptsatz, aber nicht so vollständig in den Satzverband einbezogen wie ein Satzglied, das nur aus einer Wortgruppe besteht. Die verschiedenen Stufen der Abhängigkeit lassen sich an den folgenden Beispielsätzen zeigen:

– selbständige Sätze einer Satzfolge:

> Ingrid hat ihre Leistungen verbessert. Sie wird von der Lehrerin gelobt.

– uneingeleitete (asyndetische) Satzverbindung:

> Ingrid hat ihre Leistungen verbessert, sie wird von der Lehrerin gelobt.

– eingeleitete (syndetische) Satzverbindung:

> Ingrid hat ihre Leistungen verbessert, deshalb wird sie von der Lehrerin gelobt.

– Satzgefüge (Nebensatz + Hauptsatz):

> Weil Ingrid ihre Leistungen verbessert hat, wird sie von der Lehrerin gelobt.

– einfacher Satz mit einer Wortgruppe als adverbiale Bestimmung:

> Wegen der Verbesserung ihrer Leistungen wird Ingrid von der Lehrerin gelobt.

Für die Zeichensetzung ist es besonders wichtig, den Unterschied zwischen einer Wortgruppe und einem Nebensatz zu erkennen, denn nur letzterer wird durch Komma abgegrenzt.

Nach seiner Stellung zum übergeordneten Satz kann der Nebensatz entweder Vorder-, Zwischen- oder Nachsatz sein.

– Vordersatz:

> Wie man in den Wald hineinruft, so schallt es heraus.

– Zwischensatz:

> Hunde, die viel bellen, beißen nicht.

– Nachsatz:

> Er erkannte zu spät, daß er einen Fehler gemacht hatte.

Nach dem Grad ihrer Abhängigkeit vom übergeordneten Satz unterscheidet man Nebensätze gleichen und verschiedenen Grades.

Nebensätze gleichen Grades sind einander nebengeordnet und beziehen sich auf denselben übergeordneten Satz, in dem sie dieselbe Satzgliedfunktion ausüben:

> Wer in sich eine starke Liebe zum Tier trägt, wer Familie und Wohnung beschützt wissen und auch in stillen Stunden ein Lebewesen um sich haben will, der schaffe sich einen Hund an.

Nebensätze verschiedenen Grades sind einander über- oder untergeordnet. Ein Nebensatz, der von einem Hauptsatz (HS) abhängt, ist ein Nebensatz 1. Grades (NS I).

Von einem solchen Nebensatz kann wiederum ein Nebensatz 2. Grades (NS II) abhängen:

> *Wer in sich eine starke Liebe zum Tier trägt* (NS I), *die er erwidert wissen will* (NS II), der schaffe sich einen Hund an (HS).

In umfangreichen Satzgefügen sind auch Nebensätze 3. (NS III), 4. (NS IV) oder 5. Grades (NS V) möglich, doch sind sie meist schwer überschaubar:

> Aber er hatte doch beiläufig bemerkt, *daß die Mathematiker auf einen der ihren verweisen konnten, dem sie eine Formel verdankten, mit der es im Prinzip möglich war, wie es in der Festschrift hieß, „die Sonne so zu zerlegen, daß sie, anders zusammengesetzt, von Erbsengröße" wurde.* (H. Kant)

Im Unterschied zu koordinierten Hauptsätzen, die stets durch Komma getrennt werden (vgl. R 143), steht das Komma bei koordinierten Nebensätzen nur dann, wenn sie nicht durch *und* oder *oder* verbunden sind. Bei nebengeordneten Teilsätzen muß der Schreibende demnach unterscheiden können, ob es sich dabei um Haupt- oder Nebensätze handelt, d. h., ob es sich bei einem mit *und* oder *oder* eingeleiteten Satz um einen Haupt- oder Nebensatz handelt. Ist es ein Nebensatz, so wird das Komma gesetzt, wenn damit ein neues Satzgefüge eingeleitet wird:

> Du mußt mich unbedingt besuchen, wenn Du nach Berlin kommst, und wenn ich dann gerade Urlaub habe, können wir gemeinsam etwas unternehmen.

Dagegen steht kein Komma, wenn der Nebensatz dieselbe

Rangstufe einnimmt wie der vorhergehende und sich auf denselben übergeordneten Teilsatz bezieht:

> Die Veranstaltung fällt aus, wenn das Wetter ungünstig ist oder wenn sich zu wenige Kollegen beteiligen.

Im Satzgefüge hat das Komma demnach die Aufgabe, sowohl nebengeordnete als auch einander über- und untergeordnete Teilsätze voneinander abzugrenzen und dadurch die syntaktische Struktur auch komplizierter Satzgebilde überschaubar zu gliedern.

■ **R 149** Haupt- und Nebensatz werden durch Komma getrennt. Der eingeschobene Nebensatz (Zwischensatz) wird in Kommas eingeschlossen.

– Vordersatz:

> *Wer mit dem Leben spielt,* kommt nie zurecht. (Goethe)
> *Als die Eisbären zu ihrer Nummer in die Manege getrieben wurden,* blieb einer stehen und schnupperte durch die weiten Maschen nach Ingas Bein. (H. Kant)
> *Daß er zu ihm schon heute kam,* war Pierre die schönste Krönung dieses glücklichen Tages. (L. Feuchtwanger)
> *Obgleich sein Gesicht so jämmerlich zwischen den Schultern saß,* war es doch beinahe schön zu nennen. (Th. Mann)
> *Während ich in die Wurst biß,* blickte ich in den Spiegel, der die ganze Hinterfront der Bude einnahm. (H. Böll)
> *Was er jetzt unter dem Wust hervorzog,* war Goethes Faust. (D. Noll)
> *Wenn wir uns nicht auf das Wetter verlassen wollen,* dann sollten wir selbst ein wenig für österliche Stimmung sorgen. (Guter Rat)

– Zwischensatz:

> Sie waren eine breite Treppe hinaufgeschlichen und hatten vor der Tür, *auf der in verschnörkelten Buchstaben „Aula" stand,* eine Weile gezögert. (H. Kant)
> Eine Klapper, *die sich vom Baby in Einzelteile zerlegen läßt,* ist unzumutbar. (Guter Rat)
> In der Fensternische, *so daß sie den Blick auf den mondbeschienenen Vorplatz und die draußen auf der Veranda auf und ab schreitenden beiden Herren hatten,* saßen Lorenzen und Frau von Gundermann. (Th. Fontane)

Alles, *was wir haben,* habe ich auf Null gesetzt – und Null bedeutet Tod. (H. Fallada)

Immer, *wenn ich getrunken habe,* ist mein Appetit auf Kaffee und Frühstück groß … (H. Böll)

Oftmals saß sie, *wie das ihre Vorschrift war,* stundenlang im sonnigen Frost auf der Terrasse. (Th. Mann)

– Nachsatz:

Er beugte sich hinab und küßte sie flüchtig auf die Lippen, *die sie ihm entgegenhob.* (D. Noll)

Im Lichte der Gaslaternen standen die grauen Giebelhäuser schweigend gegen den Himmel, *an dem die Sterne hell und milde glänzten.* (Th. Mann)

Niemand konnte sagen, *daß Kritik und Selbstkritik etwas Unvernünftiges wären;* unvernünftig war nur die Art gewesen, *in der sie sie oft geübt hatten.* (H. Kant)

Herr Friedemann hatte kaum seinen Dank und seine Zusage hervorgebracht, *als der Türgriff energisch niedergedrückt wurde und der Oberstleutnant eintrat.* (Th. Mann)

Immer noch hängt der Einmachgeruch im Flur, *obwohl Frau Franke ihre dreihundert Gläser voll haben dürfte.* (H. Böll)

Er war kaum mittelgroß und ging schnell und gebückt, *während er seinen Stock mit beiden Händen auf dem Rücken hielt.* (Th. Mann)

Jetzt hatte Bartel nochmal gegen den Streik gesprochen und ihnen nochmal erklärt, *warum er in dieser Zeit vollkommen aussichtslos sei.* (A. Seghers)

Diese Regel gilt auch für die sogenannten verkappten Nebensätze:

Ist Ihnen ein wohlschmeckendes lockeres Soufflé gelungen, können Sie sich getrost zu den Meisterköchen zählen. (Guter Rat)

Aber der Gedanke, *er könne sich lächerlich machen,* trieb ihn doch den einen Schritt zu ihr hin. (D. Noll)

Eine Frau teilte mit, *sie sei die Sekretärin von Herrn Schirokki und sie verbinde mich jetzt mit Herrn Schirokki.* (H. Kant)

■ **R 150** Das Komma nach dem Zwischensatz steht auch dann, wenn der zweite Teil des Hauptsatzes mit der Konjunktion *und* folgt (vgl. R 181):

Ich hoffe, *daß wir uns bald wiedersehen,* und sende Dir bis dahin herzliche Grüße.

Sie bückte sich nach dem Schlüssel, *der irgendwo versteckt war,* und stieß die Tür weit auf. (D. Noll)

Sie lächelte ein wenig, *weil er das Wort Zirkus wie eine Zauberformel ausgesprochen hatte,* und sagte: „Sie waren in Gefangenschaft?" (H. Kant)

Sie war aus Bremen gebürtig, *was übrigens* (NS I), *wenn sie sprach* (NS II), *an gewissen liebenswürdigen Lautverzerrungen zu erkennen war* (NS I), und hatte dortselbst vor zwiefacher Jahresfrist dem Großhändler Klöterjahn ihr Jawort fürs Leben erteilt. (Th. Mann)

■ R 151 Nebensätze gleichen Grades (= Nebensätze, die vom gleichen übergeordneten Satz abhängen) werden durch Komma getrennt, wenn sie nicht durch *und* oder *oder* verbunden sind:

> *Daß das eben eine Enttäuschung sein sollte, daß die Toni doch wieder an einen Kumpel geriet,* das verrieten sich ihre Eltern nicht einmal untereinander. (A. Seghers)
>
> Gegen Ende dieses Aufzuges geschah es, *daß Frau von Rinnlingen sich ihren Fächer entgleiten ließ und daß derselbe neben Herrn Friedemann zu Boden fiel.* (Th. Mann)
>
> Freds Hände waren es, *die die Nabelschnüre zerschnitten, die die Geräte auskochten, auf meiner Stirn lagen,* während ich in den Wehen schrie. (H. Böll)
>
> Er blickte an seinem Anzug hinunter, *den ihm seine Freunde im Lager zum Tage seiner Entlassung aus einem Schlafsack geschneidert hatten und der sein einziger war.* (H. Kant)
>
> Er stand neben seiner Bank und log beharrlich, *er wisse von nichts, man möge ihn in Ruhe lassen, er sei es nicht gewesen.* (D. Noll)
>
> Alle fragten ihn, *warum er schon weg wollte, ob Josephine daheim sei.* (A. Seghers)
>
> Als Robert aus dem Prüfungsraum kam, wollten alle wissen, *wie es gewesen war und warum es so lange gedauert hatte.* (H. Kant)
>
> *Fällt die Kugel einmal hinein oder muß man aus anderen Gründen (Pflege) an das Innere der Maschine heran,* ist eine umständliche Prozedur erforderlich. (Guter Rat)

■ R 152 Nebensätze verschiedenen Grades (übergeordneter und untergeordneter Nebensatz) werden durch Komma getrennt:

Durch ein offenes Hoftor sah man ein Vordach aus Wellblech über dem Stallanbau, *in welchen Fenster geschlagen waren* (NS I), *die Gardinen hatten* (NS II).   (A. Seghers)

Läuft nur mir die Wirkung gewisser Wörter auf eine Weise das Rückenmark hinunter, *daß sie mir Ahnungen von Erlebnissen erwecken* (NS I), *die es gar nicht gibt?* (NS II)   (Th. Mann)

Etwa hundert Häuser und Hütten bilden hier eine lange, schmale Gasse, *die sich nur da* (NS I), *wo eine von Kloster Wutz her heranführende Kastanienallee die Gasse durchschneidet* (NS II), *platzartig erweitert* (NS I).   (Th. Fontane)

Am anderen Tag ist ihr Vater bei mir gewesen, *ob ich weiß* (NS I), *warum sie weggefahren ist* (NS II).   (D. Noll)

Er schlug den Artikel auf und sah, *daß er gerade drei Seiten füllte* (NS I), *zog man den Raum ab* (NS II), *den das Bild eines bärtigen Herrn einnahm* (NS III).   (H. Kant)

Aber auch dann wieder lachte er nicht über solchen Ausruf, sondern ging freundlich ernst darauf ein und meinte, *im Grunde sei es natürlich ganz egal* (NS I), *ob man wisse* (NS II), *wie Käse gemacht werde* (NS III).   (H. Fallada)

Wer das gesehen hat, versteht noch besser, *warum diese Eisenbahnlinie* (NS I), *von der wir ein Zehntel besichtigten* (NS II), *das Bauwerk des Jahrhunderts genannt wird* (NS I).

Die Badeanstalt wär ein großes Gelände mit einer Liegewiese, *deren Böschung zum Wasser abfiel* (NS I), *wo das Floß verankert war* (NS II), *das auf leeren Öltanks schwamm* (NS III), mit Bassins für Nichtschwimmer und Sprungturm.   (D. Noll)

Wieder warf das Mädchen einen Blick zu mir zurück, und ich zögerte einen Augenblick, *als ich an ihr vorbeiging* (NS I), *bis ich sah* (NS I), *daß die Bude* (NS II), *die sie zu öffnen begonnen hatte,* (NS III), *eine Imbißstube war* (NS II).   (H. Böll)

R 153 Aufeinanderfolgende Nebensätze, die sich auf verschiedene übergeordnete Sätze beziehen, werden auch dann durch Komma getrennt, wenn zwischen ihnen die Konjunktionen *und* oder *oder* stehen (vgl. R 181):

> Sie ließ ihn merken, *daß sie ihn nicht liebte* (NS I), *und wenn er mehr von ihr wollte* (NS I) …, dann zuckte sie die Achseln, machte ein koboldhaftes Gesicht, antwortete nicht. (L. Feuchtwanger)

■ **R 154** Bei Auslassungssätzen steht das Komma so, als wäre der Satz vollständig. Sowohl Haupt- als auch Nebensätze können so verkürzt werden:

> Doch diese Gedanken waren so schwer und klobig, er wußte gar nicht, wie losdenken. (A. Seghers)
> Ein Glück nur, daß sein Holzhandel ihm die besten Beziehungen zu den großen Reedereien verschafft hatte. (L. Feuchtwanger)
> Wie sie gekommen, war die Krankheit geschwunden, unbegreiflich warum. (H. Fallada)
> Wolzow galt seit eh und je als der größte Flegel der Schule, zweimal Consilium, das drittemal nur durch Intervention seines Generalsonkels dem Hinauswurf entgangen. (D. Noll)
> Nach einiger Übung brauchten die Tüten gar nicht mehr auf die Waage, ein Griff, und es stimmte. (H. Kant)
> „Nett", sagte Bückler, „daß man dich wieder mal sieht, Zigarette?" „Ja, danke", sagte ich. (H. Böll)
> Neubrandenburg hat noch keine Galerie, oder richtiger, hat nur eine kleine, und auch die ist noch gar nicht so alt. (Wochenpost)

Kein Komma steht jedoch bei unvollständigen Nebensätzen, die mit *wie* oder *wenn* eingeleitet und als formelhafte Redewendungen gebraucht werden:

> Der diesbezügliche Paragraph der Straßenverkehrsordnung lautet wie folgt: ...
> Ich werde wenn möglich auf dem Bahnhof sein. Draußen regnete es wie gewöhnlich.

Das Komma bei erweiterten Infinitiven und Partizipien

Erweiterte Infinitive und Partizipien stehen in der Mitte zwischen Satzglied und Nebensatz. Sie bilden im Satz einen neuen verbalen Kern, um den sich weitere Ergänzungsbestimmungen gruppieren, die dem erweiterten Infinitiv oder Partizip eine Art Satzwertigkeit verleihen, ohne jedoch einen vollständigen Satz bilden zu können. Dazu fehlen ihnen als wichtigste Voraussetzung das Subjekt und die gebeugte Verbform. Ein erweiterter Infinitiv mit *zu* kann als Subjekt, Prädikativ, Objekt, Attribut oder als adverbiale Bestimmung des übergeordneten Satzes auftreten:

> Den Rasen zu betreten ist verboten.   (Subjekt)
> Sie beschlossen, nach Hause zu gehen.   (Objekt)
> Das würde bedeuten, sich selbst zu betrügen.   (Prädikativ)
> Sie hatte unterschrieben, ohne den Vertrag gelesen zu haben.
> (adverbiale Bestimmung)
> Er hatte nicht den Mut, seine Schuld einzugestehen.   (Attribut)

Erweiterte Partizipien können dagegen nur die Funktion von Attributen oder adverbialen Bestimmungen übernehmen:

> Der Autofahrer, am Kopf schwer verletzt, mußte sofort ins
> Krankenhaus eingewiesen werden.   (Attribut)
> In Dresden angekommen, suchte er sofort seinen Freund auf.
> (adverbiale Bestimmung)

Je nach dem Satzglied, das sie vertreten, können Infinitiv- und Partizipialgruppen am Anfang oder am Ende des übergeordneten Satzes stehen. In der Funktion des Attributs schließen sie sich unmittelbar an das nominale Bezugswort an und erscheinen auch als Einschub mitten im Satz.

Einfacher und erweiterter Infinitiv

Für die Zeichensetzung ist es wichtig, einfache und erweiterte Infinitive zu unterscheiden. Der einfache Infinitiv mit *zu* hat keine weiteren Ergänzungsbestimmungen bei sich und ist meist eng auf ein anderes, übergeordnetes Prädikat bezogen:

> Frank hatte mir fest versprochen zu kommen.

Es gibt auch Sätze, in denen sich der Infinitiv mit *zu* auf ein Substantiv bezieht:

> Frank hatte die feste Absicht zu kommen.

Der erweiterte Infinitiv mit *zu* hat eine oder mehrere Ergänzungsbestimmungen bei sich, die sich auf ihn beziehen und von ihm abhängen. Solche Ergänzungsbestimmungen bilden Objekte oder Adverbialbestimmungen. Gemeinsam mit dem infiniten Verbalkern beziehen sie sich auf ein übergeordnetes Prädikat, ein Subjekt oder Objekt:

Frank hatte versprochen, mich in den Ferien in Berlin zu besuchen.

Ihr Wunsch, im September ein Studium aufzunehmen, ging in Erfüllung.

Der erweiterte Infinitiv mit *zu* ist eine nebensatzähnliche Wortgruppe. Im Unterschied zum Nebensatz fehlen ihm das Subjekt, das Einleitewort und die gebeugte Verbform. Sein wichtigstes Merkmal ist das Signalwort *zu* und die infinite Verbform, von der weitere Satzglieder (Objekte oder Adverbialbestimmungen) abhängen. Der Infinitiv gilt bereits als erweitert, wenn außer dem Signalwort *zu* noch ein einziges weiteres Wort hinzutritt. So gelten Infinitive mit *um zu, anstatt zu, ohne zu* als erweitert:

> Er sah ihr nur zu, anstatt zu helfen.
> Sie unterschrieb, ohne zu zögern.
> Die Kinder gingen zum See, um zu angeln.

Auch das Reflexivpronomen *sich* gilt als eine solche Erweiterung:

> Elke hatte keinen Grund, sich zu ärgern.

Die Zeichensetzung beim erweiterten Infinitiv hängt jedoch nicht allein von Zahl und Umfang der Ergänzungsbestimmungen ab, sondern auch von seinem Satzgliedcharakter und der dadurch bedingten Stellung am Anfang, in der Mitte oder am Ende des übergeordneten Satzes, insbesondere aber vom Charakter des finiten Verbs als tragendes Element der Infinitivgruppe, d. h. davon, ob es seine Eigenbedeutung bewahrt hat oder ob diese bereits soweit verblaßt ist, daß es nur noch als Hilfsverb fungiert und die infinite Verbform zum eigentlichen Handlungsträger geworden ist:

> Sie pflegte jeden Tag kalt zu duschen.

■ **R 155** Der erweiterte Infinitiv mit *zu* wird vom übergeordneten Satz durch Komma getrennt, im Satzinnern in Kommas eingeschlossen:

> Es ist meine Lieblingsbeschäftigung, bei Nacht den Sternenhimmel zu betrachten; denn ist das nicht die beste Art, von der Erde und vom Leben abzusehen? (Th. Mann)
> Er war noch nicht draußen, er hatte aber nicht einmal Lust, sich umzudrehen. (A. Seghers)

Sie griff auf den Stuhl neben ihrem Bett, faßte die Strümpfe und fing an, sie überzustreifen. (H. Fallada)

Sie sahen Robert auf die Finger, und wenn er sich abmühte, ihre Doppelstockbetten von den Wänden zu rücken, um an die Leitungen heranzukommen, standen sie dabei und ermahnten ihn, pfleglich mit ihren an die Wände geklebten Bildern umzugehen. (H. Kant)

Und schließlich nutzt man der Gesellschaft auch damit, alles zu tun, um selbst nicht pflege- und betreuungsbedürftig zu werden. (Guter Rat)

Um sich im Grünen zu erholen, braucht man in Neubrandenburg nicht weit zu gehen. (Wochenpost)

Wenn ich zum Wasserhahn gehe, um den Eimer vollaufen zu lassen, sehe ich, ohne es zu wollen, mein Gesicht im Spiegel. (H. Böll)

Er war Einzelgänger, trieb sich mit seinem Kleinkalibergewehr in den Wäldern umher und schoß Eichelhäher, statt sich den Schulaufgaben zu widmen. (D. Noll)

Der Gedanke, darüber in einer Absolventenfeier zu reden, war absurd; das herauszufinden, bedurfte es keines Typometers. (H. Kant)

Unter dem Vorwand, die Heiden zu missionieren und das Christentum zu verbreiten, hatten die deutschen Feudalherren den slawischen Fürsten das Land abgejagt. (Wochenpost)

R 156 Einfache (nicht erweiterte) Infinitive mit *zu* werden nicht durch Kommas abgegrenzt:

einfacher Infinitiv	*erweiterter Infinitiv*
Er wagte nicht zu klopfen.	Er wagte nicht, an die Tür zu klopfen.
Zu klopfen wagte er nicht.	An die Tür zu klopfen, wagte er nicht.
Den Mut zu klopfen brachte er nicht auf.	Den Mut, an die Tür zu klopfen, brachte er nicht auf.
Sie hatte keine Gelegenheit zu waschen.	Sie hatte keine Gelegenheit, sich zu waschen.
Sie hatten keine Lust zu spielen.	Sie hatten keine Lust, Karten zu spielen.

R 157 Der erweiterte Infinitiv mit *zu* wird nicht durch Komma abgegrenzt, wenn er als Subjekt voransteht:

> Den Rasen zu betreten ist verboten.
> Von einem solchen Menschen als Freund anerkannt und geachtet zu werden ist eine große Verpflichtung.
> Diese Entscheidung zu treffen erfordert hohes Verantwortungsgefühl.

Dagegen steht vor dem nachgestellten Infinitiv mit *zu* als Subjekt ein Komma, selbst wenn er nicht erweitert ist:

> Es ist verboten, den Rasen zu betreten.
> Die Pflicht eines jeden ist es, zu arbeiten.

Wird der voranstehende erweiterte Infinitiv mit *zu* im weiteren Verlauf des Satzes durch ein Korrelat (hinweisendes Wort) wieder aufgenommen, so muß stets ein Komma stehen:

> Autoschlosser zu werden, das ist sein größter Wunsch.
> Robert fand, Zirkus albern zu nennen, das sei albern. (H. Kant)
> „... Aber Unangenehmes sagen: ,Wolfgang, mein Sohn, mit der Spielerei ist es aus, keinen Pfennig kriegst du mehr von mir', ihm so was zu sagen, das wäre rechte Liebe ...“   (H. Fallada)

R 158 Ohne das Signalwort *zu* steht der erweiterte Infinitiv ohne Komma:

> Die Jungen halfen ihm den Wagen ziehen (aber mit Komma: Die Jungen halfen ihm, den Wagen zu ziehen).
> Die materiell-technische Basis stärken heißt die Voraussetzungen für eine höhere materielle Produktion schaffen. Das hieße den Teufel an die Wand malen. Ich will jetzt nichts als allein sein und meine Ruhe haben.

R 159 Der erweiterte Infinitiv wird nicht durch Kommas abgegrenzt, wenn er mit dem Hauptsatz verschränkt ist:

> Wir wollen euch das zu erklären versuchen (statt: Wir wollen versuchen, euch das zu erklären).

Der erweiterte Infinitiv kann auch innerhalb der verbalen Klammer stehen:

> Sobald ich einen Quadratmeter zu säubern versucht habe, bin ich gezwungen, den Lappen auszuspülen, und sofort breitet sich im klaren Wasser eine milchige Wolke aus.   (H. Böll)

Er dachte an jenen Nachmittag seines dreißigsten Geburtstages, als er, glücklich im Besitze des Friedens, ohne Furcht und Hoffnung über den Rest seines Lebens hinzublicken geglaubt hatte. (Th. Mann)

Bei besonderer Betonung kann eine Ergänzungsbestimmung des Infinitivs in Spitzenstellung treten:

Ein Gartenfest haben wir gemeinsam mit unserem Siedlerverein zu feiern beschlossen.

Die verbale Klammer kann auch aus den beiden Teilen einer unfesten verbalen Zusammensetzung bestehen:

Danach fing sie bitterlich zu weinen an (statt: Danach fing sie an, bitterlich zu weinen).

R 160 Der erweiterte Infinitiv steht ohne Komma, wenn er von einem Hilfsverb abhängig ist. Als Hilfsverben in Verbindung mit einem infiniten Verb gelten *sein, haben, brauchen, pflegen, scheinen* und *vermögen*:

Dem Verunglückten war nicht mehr zu helfen.
Seine Frau hat bei ihm nichts zu lachen.
Du brauchst dir keine falschen Hoffnungen zu machen.
Sie pflegte stets erst abends richtig munter zu werden.
Der Chef scheint heute schlechte Laune zu haben.
Er vermag das Gelesene wörtlich wiederzugeben.

Häufig werden auch die Verben *bitten, wünschen, hoffen, glauben, (ver)suchen, fürchten, anfangen, aufhören, beginnen, wissen (= können), verstehen, wagen, verlangen, (ge)denken, verdienen, helfen* als Hilfsverben gebraucht, indem sie, in ihrer Eigenbedeutung verblaßt, mit dem infiniten Verb eine Einheit bilden. In diesen Fällen ist der erweiterte Infinitiv ohne Komma anzuschließen; haben die Verben dagegen den Charakter von Vollverben, so muß das Komma stehen:

Ich bitte(,) den Betrag auf mein Konto zu überweisen.
Ich hoffe(,) Sie mit dieser Auskunft zufriedengestellt zu haben.
Er wünschte(,) ihre Familie näher kennenzulernen.
Seine Leistungen beginnen sich zu verbessern.
Ich versuchte mich zu erinnern.
Sie wußte nichts damit anzufangen.
Er verstand sich stets in den Vordergrund zu drängen.

Wenn zu einem dieser Verben eine adverbiale Bestimmung oder ein Objekt hinzutritt, wird vor dem erweiterten Infinitiv ein Komma gesetzt:

> Ich bitte Sie, den Betrag auf mein Konto zu überweisen.
> Ich hoffe zuversichtlich, Ihnen mit meiner Auskunft gedient zu haben.
> Er verstand nicht, sich in den Vordergrund zu drängen.

Ein Komma steht bei diesen Verben auch dann vor dem erweiterten Infinitiv, wenn danach der Hauptsatz weitergeführt wird, die Infinitivgruppe also als Zwischensatz vor *und* fungiert:

> Ich hoffe, Ihnen mit dieser Auskunft gedient zu haben, und bin mit freundlichen Grüßen ...

Oft werden die Beziehungen im Satz erst durch ein Komma deutlich:

> Die Kranke versuchte täglich, etwas länger aufzustehen; oder:
> Die Kranke versuchte, täglich etwas länger aufzustehen.
> Klaus versprach, ein guter Schüler zu werden; oder: Klaus versprach ein guter Schüler zu werden.
> Der enttäuschte Liebhaber drohte sich ein Leid anzutun;
> oder: Der enttäuschte Liebhaber drohte, sich ein Leid anzutun.

In den beiden letzten Beispielsätzen drückt das Komma aus, daß die Verben *versprechen* und *drohen* den Charakter eines Vollverbs mit eigener Bedeutung haben.

■ **R 161** Das Komma steht bei einem einfachen Infinitiv mit *zu*
– wenn er als Subjekt dem Prädikat folgt (vgl. R 157):

> Die Pflicht eines jeden ist, zu arbeiten.
> Die neue Schule hat helle Klassenräume, in denen es Freude macht, zu lernen.

– wenn ein Korrelat (hinweisendes Wort) auf einen vorausgehenden oder folgenden nichterweiterten Infinitiv hinweist (vgl. R 157):

> Zu studieren, das war sein größter Wunsch.
> Es war sein größter Wunsch, zu studieren.
> Er freute sich darauf, zu studieren.

– wenn bei fehlendem Komma die Gefahr eines Mißverständnisses besteht:

Klaus versprach der Mutter, zu schreiben;
oder: Klaus versprach, der Mutter zu schreiben.

– wenn der nichterweiterte Infinitiv mit *zu* im Sinne eines Infinitivs mit *um zu* gebraucht wird:

Alle Kollegen kamen, zu helfen (= um zu helfen).
Sie ging in die Stadt, einzukaufen.
Ein Herr, Rittmeister a. D. und Rittergutspächter, Joachim von Prackwitz-Neulohe, weißhaarig und schlank, doch mit dunkel glühenden Augen, beugte sich hinaus, zu sehen, wo man wäre. (H. Fallada)

– wenn mehrere nichterweiterte Infinitive dem Hauptsatz folgen oder in ihn eingeschoben sind:

Durch seine grundlegenden Fähigkeiten, zu arbeiten, zu sprechen und zu denken, zeichnet sich der Mensch vor allen anderen Lebewesen aus.
Er ist immer bereit, zu raten und zu helfen.

R 162 Mehrere nichterweiterte Infinitive stehen ohne Komma, wenn sie
– voranstehen und kein Korrelat auf sie zurückweist:

Zu raten und zu helfen war er stets bereit;
(aber mit Komma: Zu raten und zu helfen, dazu war er stets bereit).

– mit dem Hauptsatz verschränkt sind (vgl. R 159):

Er hatte zu kommen und zu bleiben versprochen.

– von einem Hilfsverb abhängen (vgl. R 160):

Sie pflegte zu lesen oder zu schlafen.

R 163 Ein einfacher Infinitiv in Verbindung mit einem erweiterten Infinitiv wird durch Komma abgegrenzt, wenn die Infinitive nicht als Subjekt voranstehen:

Es war sein Wunsch, zu heiraten und eine Familie zu gründen.
aber: Zu heiraten und eine Familie zu gründen war sein Wunsch.

R 164 Wenn der einfache Infinitiv mit *zu* im Passiv oder Perfekt steht, ist die Kommasetzung freigestellt:

Sie hatte das unbestimmte Gefühl(,) beobachtet zu werden.
Der Fahrer des Wagens gab an(,) geblendet worden zu sein.
Der Junge leugnete(,) geraucht zu haben.

R 165 Beim nichterweiterten Infinitiv steht die Kommasetzung frei, wenn ein Nebensatz davon abhängt. Der Infinitiv wird durch den Nebensatz näher bestimmt, so daß dieser als eine Art Erweiterung angesehen werden kann:

> Sie war begierig(,) zu erfahren, was sich inzwischen ereignet hatte.
> Ich hatte keinen Grund(,) anzunehmen, daß er mich belogen hatte.

In den folgenden Zitaten könnte das Komma vor dem einfachen Infinitiv mit *zu* auch fehlen:

> Auch wäre es richtig, zu sagen, daß meine Phantasie den Ereignissen vorgegriffen und mir einen Brand des Elternhauses entsetzlich ausgemalt hätte.   (Th. Mann)
> Oft lachen sie laut nebenan, während ich angehalten bin, achtzugeben, daß die Kinder keinen Lärm machen, weil die Konferenz dadurch gestört werden könnte.   (H. Böll)

Das Komma entfällt, wenn der einfache Infinitiv von einem Hilfsverb abhängt (vgl. R. 160):

> Er glaubte zu wissen, wann der nächste Zug nach L. abfuhr.
> Sie pflegte nur zu unterschreiben, was sie vorher durchgelesen hatte.

R 166 Mehrere aufeinanderfolgende einfache oder erweiterte Infinitive mit *zu* werden als gleichartige Satzglieder durch Komma voneinander abgegrenzt, wenn sie nicht durch Konjunktionen wie *und, oder, entweder – oder, weder – noch, nicht – noch, sowohl – als auch, sowohl – wie, sowie* verbunden sind (vgl. R 105):

> Aber genau wie der Mann in der Lage sein muß, den Haushalt zu führen, die Wäsche zu waschen, muß es auch die Frau verstehen, sich in behördlichen Dingen auszukennen oder sich zu informieren sowie kleine Reparaturen selbst vorzunehmen. (Guter Rat)
> Als sie die Betten gemustert hatten, beschlossen sie, die Laken abzuziehen und in ihren Sachen zu schlafen.   (H. Kant)

Der Arzt gebot ihm, weder zu rauchen noch Alkohol zu trinken.

Die Nachbarin hatte die Aufgabe übernommen, sowohl den Briefkasten zu leeren wie die Blumen zu gießen.

Er hätte gern gewußt, wer unaufhörlich die Stirn an seinen bloßen Rücken rieb, schämte sich aber für den anderen, ihn abzutasten oder ihn zu fragen.   (A. Seghers)

R 167 Bei einem Vergleich mit *als* oder *wie* steht nur vor einem erweiterten Infinitiv ein Komma:

Er wollte auch Robert küssen, und Robert wußte sich nicht anders zu helfen, als ihm die Horrorsammlung über den Kopf zu schlagen. (H. Kant)

Es war ebenso zeitraubend zu fahren, wie zu Fuß zu gehen.

Aber ohne Komma:

Zu laufen ist beschwerlicher als zu fahren.

Bei dieser schlechten Verbindung ist es ebenso zeitraubend zu fahren wie zu laufen.

R 168 Wird ein erweiterter Infinitiv durch *und* oder *oder* mit einem anderen vorangehenden Satzglied verbunden, so wird er in der Regel nicht durch Komma abgegrenzt:

Ohne ein Wort und ohne sich noch einmal umzudrehen ging er davon.

Aus Interesse(,) und um sich weiterzubilden(,) nahm er an dem Lehrgang teil. (Vgl. auch R 183)

R 169 Die folgende Tabelle gibt noch einmal einen vollständigen Überblick über die Kommasetzung beim einfachen und erweiterten Infinitiv mit *zu*:

ohne Komma	*mit Komma*
Sie hatte keine Gelegenheit zu waschen. (R 156)	Sie hatte keine Gelegenheit, sich zu waschen. (R 155)
	Sie hatte keine Gelegenheit, ihre Strümpfe zu waschen.
Zu waschen hatte sie keine Gelegenheit.	Sich zu waschen, hatte sie keine Gelegenheit.
	Ihre Strümpfe zu waschen, hatte sie keine Gelegenheit.

117

ohne Komma	mit Komma
Den Mut zu klopfen brachte er nicht auf.	Den Mut, an die Tür zu klopfen, brachte er nicht auf.
Den Rasen zu betreten ist verboten. (R 157)	Es ist verboten, den Rasen zu betreten. (R 157)
Zu arbeiten ist eines jeden Pflicht.	Die Pflicht eines jeden ist es, zu arbeiten.
Autoschlosser zu werden ist sein größter Wunsch.	Autoschlosser zu werden, das ist sein größter Wunsch. Es ist sein größter Wunsch, Autoschlosser zu werden.
Die Jungen halfen ihm den Wagen ziehen. (R 158)	Die Jungen halfen ihm, den Wagen zu ziehen. (R 158)
Das hieße den Teufel an die Wand malen.	
Ich will jetzt nichts als allein sein.	
Wir wollen euch das zu erklären versuchen. (R 159)	Wir wollen versuchen, euch das zu erklären. (R 159)
Wir haben gemeinsam mit unserer Patenbrigade einen Arbeitseinsatz zu leisten beschlossen.	Wir haben beschlossen, gemeinsam mit unserer Patenbrigade einen Arbeitseinsatz zu leisten.
Einen Arbeitseinsatz haben wir gemeinsam mit unserer Patenbrigade zu leisten beschlossen.	
Danach fing sie bitterlich zu weinen an.	Danach fing sie an, bitterlich zu weinen.
Dem Verunglückten war nicht mehr zu helfen. (R 160)	
Seine Frau hat bei ihm nichts zu lachen.	
Du brauchst dir keine falschen Hoffnungen zu machen.	
Sie pflegte jeden Morgen kalt zu duschen.	
Der Chef scheint heute schlechte Laune zu haben.	

ohne Komma	mit Komma
Er vermag das Gelesene wörtlich wiederzugeben.	Er vermag oft, das Gelesene wörtlich wiederzugeben. (R 160)
Ich bitte den Betrag auf mein Konto zu überweisen.	Ich bitte, den Betrag auf mein Konto zu überweisen.
	Ich bitte Sie, den Betrag auf mein Konto zu überweisen.
Er wünschte ihre Familie näher kennenzulernen.	Er wünschte, ihre Familie näher kennenzulernen.
Ich hoffe Sie bei guter Gesundheit anzutreffen.	Ich hoffe, Sie bei guter Gesundheit anzutreffen.
	Ich hoffe zuversichtlich, Sie bei guter Gesundheit anzutreffen.
Sie glaubte in ihm einen ehemaligen Schulfreund wiederzuerkennen.	Sie glaubte, in ihm einen ehemaligen Schulfreund wiederzuerkennen.
Ich versuchte mich zu erinnern.	Ich versuchte, mich zu erinnern.
Wir suchten mit ihm in Verbindung zu kommen.	Wir suchten vergebens, mit ihm in Verbindung zu kommen.
Er fürchtet den Zug zu versäumen.	Er fürchtet, den Zug zu versäumen.
	Er fürchtet stets, den Zug zu versäumen.
Endlich fing sie an Koffer zu pakken.	Endlich fing sie an, Koffer zu pakken.
Wenn er doch aufhörte Zigaretten zu rauchen!	Wenn er doch aufhörte, Zigaretten zu rauchen!
Sie begann ihn zu verstehen.	Sie begann, ihn zu verstehen.
	Sie begann allmählich, ihn zu verstehen.
Ihre Kinder wußten sich gut zu benehmen.	Ihre Kinder wußten stets, sich gut zu benehmen.
Er verstand sich stets in den Vordergrund zu drängen.	Er verstand stets, sich in den Vordergrund zu drängen.
Er wagte sie anzusprechen.	Er wagte, sie anzusprechen.
Sie verlangte ihn zu sehen.	Sie verlangte, ihn zu sehen.
	Sie verlangte energisch, ihn zu sehen.

ohne Komma	mit Komma
Ich gedenke im August in Urlaub zu gehen. (R 160)	Ich gedenke, im August in Urlaub zu gehen.
Ich denke im August in Urlaub zu gehen.	Ich denke daran, im August in Urlaub zu gehen.
Diese Leistung verdient besonders gewürdigt zu werden.	Diese Leistung verdient, besonders gewürdigt zu werden.
	Diese Leistung verdient unbedingt, besonders gewürdigt zu werden.
Die Jungen halfen den Wagen zu ziehen. (R 160)	Die Jungen halfen ihm, den Wagen zu ziehen.
Ich hoffe Ihnen mit dieser Auskunft gedient zu haben.	Ich hoffe, Ihnen mit dieser Auskunft gedient zu haben, und bin mit freundlichen Grüßen …
Klaus versprach ein guter Schüler zu werden.	Klaus versprach, ein guter Schüler zu werden.
Der enttäuschte Liebhaber drohte sich ein Leid anzutun.	Der enttäuschte Liebhaber drohte, sich ein Leid anzutun.
Klaus versprach zu schreiben.	Klaus versprach der Mutter, zu schreiben. (R 161)
	Klaus versprach, der Mutter zu schreiben.
Es war ihr ein Bedürfnis zu helfen.	Alle Kollegen kamen, zu helfen (= um zu helfen). (R 161)
Er ist immer bereit zu helfen.	Er ist immer bereit, zu raten und zu helfen. (R 161)
Zu raten und zu helfen ist er immer bereit. (R 162)	Zu raten und zu helfen, dazu ist er immer bereit. (R 161)
Er hatte zu kommen und zu bleiben versprochen.	Er hatte versprochen, zu kommen und zu bleiben. (R 162)
Sie pflegte zu lesen oder zu schlafen.	Sie beabsichtigte, zu lesen oder zu schlafen.
Zu heiraten und eine Familie zu gründen war sein Wunsch. (R 163)	Sein Wunsch war, zu heiraten und eine Familie zu gründen.
	Zu heiraten und eine Familie zu gründen, das war sein Wunsch.

(R 157)

120

ohne Komma	mit Komma
Sie hatte das unbestimmte Gefühl beobachtet zu werden. (R 164)	Sie hatte das unbestimmte Gefühl, beobachtet zu werden.
Der Fahrer des Wagens gab an geblendet worden zu sein.	Der Fahrer des Wagens gab an, geblendet worden zu sein.
Der Junge leugnete geraucht zu haben.	Der Junge leugnete, geraucht zu haben.
Sie war begierig zu erfahren, was sich inzwischen ereignet hatte. (R 165)	Sie war begierig, zu erfahren, was sich inzwischen ereignet hatte.
Ich hatte keinen Grund anzunehmen, daß er mich belogen hatte.	Ich hatte keinen Grund, anzunehmen, daß er mich belogen hatte.
Er glaubte zu wissen, wann der nächste Zug nach L. abfuhr.	
Sie pflegte nur zu unterschreiben, was sie vorher durchgelesen hatte.	
Wir hatten beschlossen, zeitig aufzustehen und nach L. zu fahren. (R 166)	Wir hatten beschlossen, zeitig aufzustehen, um nach L. zu fahren.
Er pflegt am Strand lieber zu lesen als zu baden. (R 167)	Er pflegt am Strand lieber zu lesen, als baden zu gehen.
Es war ebenso zeitraubend, zu Fuß zu gehen wie zu fahren.	Es war ebenso zeitraubend, zu Fuß zu gehen, wie mit dem Autobus zu fahren.
Aus Interesse und um sich weiterzubilden nahm er an dem Lehrgang teil. (R 168)	Aus Interesse, und um sich weiterzubilden, nahm er an dem Lehrgang teil.

Einfaches und erweitertes Partizip

Ebenso wie der Infinitiv mit *zu* können auch Partizipien einfach und erweitert sein. Dies gilt sowohl für das Partizip I *(singend)* als auch für das Partizip II *(gesungen)*.
Erweiterte Partizipien bilden den verbalen Kern einer Wortgruppe. Als Erweiterungen können sie Objekte oder Adverbialbestimmungen zu sich nehmen, das Subjekt und die gebeugte Verbform fehlen jedoch, so daß sie keinen vollständigen Satz bilden.

Die Erweiterung ist ein Objekt:

> Sein Opfer erspähend, schlich sich der Panther langsam näher.

Die Erweiterung ist eine Adverbialbestimmung:

> In Berlin angekommen, rief Peter mich sofort an.

Auch das erweiterte Partizip ist eine nebensatzähnliche Wortgruppe; es kann im übergeordneten Satz die Funktion einer Adverbialbestimmung oder eines Attributs erfüllen:

> Auf dem Gipfel des Berges angekommen, ließen wir uns erschöpft ins Gras fallen.   (Adverbialbestimmung)
> Das Seebad Heringsdorf, auf der Insel Usedom gelegen, ist eines der beliebtesten Ferienziele.   (Attribut)

Als Attribut steht die Partizipialgruppe regelmäßig bei ihrem Bezugswort, d. h. in der Mitte oder am Ende des übergeordneten Satzes entsprechend einem Relativsatz oder einer Apposition; als adverbiale Bestimmung steht sie meist am Anfang oder am Ende des Satzes in modaler, temporaler, kausaler, konditionaler oder konzessiver Bedeutung.

Für die Zeichensetzung ist es wichtig zu erkennen, ob es sich um ein erweitertes oder um ein nichterweitertes Partizip handelt. Beim Erkennen eines erweiterten Partizips ist es wichtig festzustellen, welche Glieder sich unmittelbar auf die Partizipialform beziehen. In dem Satz *Der Stier stürzte sich, vor Wut schnaubend, auf den Torero* bezieht sich die Präpositionalgruppe *vor Wut* auf das Partizip *schnaubend* und nicht auf das Prädikat *stürzte sich*. Die Zeichensetzung macht diese Beziehung deutlich, denn ohne das Komma nach *sich* würde nicht klar, von welchem der beiden Verbalkerne diese adverbiale Bestimmung abhängt, und der Sinn des Satzes würde nicht deutlich.

Wie die Partizipien können auch Adjektive Erweiterungen zu sich nehmen:

> Zum Abmarsch bereit, standen wir vor der Tür.

Außerdem gibt es freie Fügungen, bei denen ein bedeutungsleeres Partizip wie *habend, seiend, haltend* weggelassen wird und die Wortgruppe nur aus den Ergänzungen dieses weggefallenen Partizips besteht:

> Ein Buch vor der Nase, konnte er stundenlang im Grase liegen.

R 170 Das erweiterte Partizip wird vom übergeordneten Satz durch Komma abgegrenzt, im Satzinneren in Kommas eingeschlossen:

> Von diesem prinzipiellen Standpunkt ausgehend, werden wir alles in unseren Kräften Stehende tun, um den Frieden sicherer zu machen.
>
> An die Wand der Bude gelehnt, sah das Mädchen den beiden zu. (H. Böll)
>
> Inwendig glühend, eingeklemmt zwischen Frau Triebel und Martin, auf einem leise schwankenden Sofa, die Ellenbogen in einem ganz weichen Tisch vergraben, wartete Bentsch auf Lustigkeit. (A. Seghers)
>
> Und Stechlin heißt ebenso das langgestreckte Dorf, das sich, den Windungen des Sees folgend, um seine Südspitze herumzieht. (Th. Fontane)
>
> Sie saß im Schnee, ganz in Decken und Pelzwerk verpackt, und atmete hoffnungsvoll die reine, eisige Luft, um ihrer Luftröhre zu dienen. (Th. Mann)
>
> Das Glück, durch den bloßen Anblick meiner Mutter hervorgerufen, hatte auf diesen grauen Gesichtern etwas Schreckliches. (H. Böll)
>
> Charlot saß am Schreibtisch, aus tiefliegenden Augen unter halbgesenkten Lidern vor sich hin schauend. (L. Feuchtwanger)
>
> Sie sah ihn an, seitlich an die Kabinenwand gelehnt, zusammengerollt wie eine Katze. (D. Noll)
>
> Auch damals waren sie so weitermarschiert, das Kinn vorgestoßen, den Mund fest geschlossen, mit den Augen einen imaginären Punkt am Ende der Straße fixierend, den sie wohl nie erreichen würden. (H. Fallada)

R 171 Beim nichterweiterten Partizip steht kein Komma (vgl. aber R 173):

> Verzweifelt begann er seine Autoschlüssel zu suchen.
>
> Sie berichtete uns freudestrahlend von ihrem Erfolg.

R 172 Auch Partizipien mit einer kurzen näheren Bestimmung können ohne Kommas stehen:

> Fröhlich singend(,) zogen wir durch die Straßen.
>
> Ihr Wagen war(,) gerade frisch lackiert(,) aus der Werkstatt gekommen.

R 173 Wird ein Partizip mit seinem Begleitwort durch Nach-stellung besonders hervorgehoben, so muß das Komma gesetzt werden:

> Hinter ihnen stehen in zwei, drei Reihen die anderen Spieler, dicht aneinandergedrängt.   (H. Fallada)
> Sie fiel ihm um den Hals, halb lachend, halb weinend. (L. Feuchtwanger)
> Sie war kaum vom Wochenbette erstanden, äußerst erschöpft, äußerst verarmt an Lebenskräften, als sie beim Husten ein we-nig Blut aufgebracht hatte.   (Th. Mann)

Auch ein nichterweitertes Partizip kann bei Nachstellung durch Kommas besonders hervorgehoben werden (vgl. R 140):

> Er saß neben ihr, vornübergebeugt, die Hände zwischen den Knien gefaltet, mit gesenktem Kopfe.   (Th. Mann)
> Pierre klopfte dem Vater die Schulter, lächelnd, ein bißchen ironisch und sehr vergnügt.   (L. Feuchtwanger)
> Ruhig und ernst fuhr die Stimme fort, unangefochten. (A. Seghers)
> Dann richtete er sich auf, enttäuscht: die Bücher, die Träume hatten gelogen!   (D. Noll)

■ **R 174** Beim erweiterten Partizip steht kein Komma,
– wenn es als Subjekt des Satzes voransteht:

> Frisch gewagt ist halb gewonnen.
> Schlecht gefahren ist besser als gut gelaufen.
> Jung gefreit hat selten gereut.

Wird jedoch durch ein Korrelat auf die Partizipialgruppe zu-rückverwiesen, so muß auch hier ein Komma stehen:

> Jung gefreit, das hat selten gereut.

– wenn das Partizip deutlich den Charakter einer Präposition hat:

> Ungeachtet seines Protestes begab sie sich leichtsinnig in Ge-fahr.

– wenn es sich mit *und* oder *oder* an ein Partizip oder ein ande-res vorangehende Satzglied anschließt:

> Nun führte die Bismarckallee, breit und von Linden gesäumt, hinab in die kleine Stadt.   (D. Noll)

124

Es war ein Roman von mäßigem Umfange, mit einer vollkommen verwirrenden Umschlagzeichnung versehen und gedruckt auf einer Art von Kaffeesiebpapier mit Buchstaben, von denen ein jeder aussah wie eine gotische Kathedrale.   (Th. Mann)

Sie kam ohne Mantel und bis auf die Haut durchnäßt nach Hause.

R 175 Bei Partizipialformen wie *entsprechend, betreffend* oder bei festen Fügungen wie *genaugenommen, im Grunde genommen, abgesehen (da)von, so gesehen, wie gesagt* ist das Komma freigestellt:

Ihre Anfrage vom 5.7. betreffend(,) teilen wir Ihnen mit, daß ...

Der Walfisch ist(,) genaugenommen(,) gar kein Fisch.

Freilich müsse man abwarten ... und das Beste hoffen, wie gesagt, das Beste hoffen.   (Th. Mann)

Wie gesagt(,) bin ich der Meinung, daß wir unseren Besuch verschieben sollten.

Das hätte Krieg mit England bedeutet, und dazu waren Flotte und Heer noch nicht stark genug, ganz abgesehen von dem kläglichen Zustand der Finanzen.   (L. Feuchtwanger)

„... Und, ganz abgesehen davon, wer kann heutzutage noch mit den Zeitungen konkurrieren! ...“   (Th. Fontane)

Ihrem Wunsch entsprechend(,) erhalten Sie hiermit unser Angebot.

R 176 Das Komma steht bei einem einfachen oder nur unwesentlich erweiterten Partizip, wenn es einen vollständigen Nebensatz vertritt:

Angesprochen, fuhr er jäh aus seinen Träumen auf (= Als er angesprochen wurde, ...)

Wir schicken Ihnen, wie vereinbart, Ihren Brief zurück (= wie wir es vereinbart hatten).

Einmal aufgetaut, ist das Kühlgut sofort zu verbrauchen (= wenn es einmal aufgetaut ist).

Auch ein Partizip, das durch ein Akkusativobjekt erweitert ist, vertritt einen Nebensatz:

Den Kopf gesenkt, stand sie schuldbewußt vor mir (= Indem sie den Kopf gesenkt hatte).

125

Als Adverbialbestimmung kann das Partizip jedoch in den Satzverlauf einbezogen werden:

> Aufgetaut (= in aufgetautem Zustand) ist das Kühlgut sofort zu verbrauchen.

R 177 Partizipien, die nur durch ein Adverb erweitert sind, können entweder als einfache Adverbialbestimmungen ohne Komma oder als Partizipialgruppen mit einer gewissen Satzwertigkeit mit Komma geschrieben werden. Die Einschließung in Kommas wird häufig als Hervorhebung empfunden:

> Er drückte mir sichtlich erfreut die Hand (oder: Er drückte mir, sichtlich erfreut, die Hand.)

Tritt jedoch eine weitere Adverbialbestimmung hinzu, so wird die Partizipialgruppe in Kommas eingeschlossen, da sie sich deutlich als weitere Ergänzung aus dem Satz heraushebt:

> Er drückte mir, sichtlich erfreut, herzlich die Hand.

Das Komma kann für den Sinn des Satzes entscheidend sein. In dem Satz *Er fand seinen Freund auf dem Boden liegend* würde ein Komma nach *Freund* bedeuten, daß nicht der Freund, sondern er selbst auf dem Boden lag. Entscheidend ist in solchen Fällen der Sinn, den der Schreibende der Aussage geben will.

R 178 Die sogenannten freien Fügungen, bei denen ein Partizip wie *habend, seiend, werdend* oder *geworden* weggelassen wird und die Wortgruppe nur aus den Ergänzungen dieses weggefallenen Partizips besteht, werden ebenso wie erweiterte Partizipien durch Kommas abgegrenzt:

> Von jung an lieber im Sattel als bei den Büchern, war er erst nach zweimaliger Scheiterung siegreich durch das Fähnrichsexamen gesteuert. (Th. Fontane)
> Die Fußsohlen gegen Bentschs Fußsohlen, das Kinn auf der Brust, starrte Sadovski das an, was jetzt noch kam. (A. Seghers)
> Er lag da, das Gesicht im Grase, betäubt, außer sich, und ein Zucken lief jeden Augenblick durch seinen Körper. (Th. Mann)
> Der Rittmeister nickte, eine Last vom Herzen, sogar den drei Gestalten im Hintergrunde zu. (H. Fallada)

Er lehnte sich zurück, ein kleines Lächeln um die Lippen, und überdachte, was alles er erreicht hatte.   (L. Feuchtwanger)

Gilbert Wolzow, wegen seiner Körpergröße quer in der Bank, saß über einem dicken Buch und las.   (D. Noll)

Er lag gleichfalls bis über die Brust verschüttet, die Lampe am Hals, ein wenig Blut in den Ohren.   (A. Seghers)

R 179 Auch erweiterte Adjektive werden, ebenso wie Partizipien, durch Kommas abgegrenzt:

Er verbeugte sich und begann dann, offenbar ein wenig verlegen, zu essen.   (Th. Mann)

Engelke, noch um ein Jahr älter als sein Herr, war dessen Vertrauter geworden, aber ohne Vertraulichkeit.   (Th. Fontane)

Eine Elektrische fuhr an der Straßenkreuzung vorbei, schwarz von Menschen.   (A. Seghers)

Er saß in seiner Kabine und wartete, krank vor Aufregung, bis er die Marie Krüger im Badeanzug über die Liegewiese gehen sah. (D. Noll)

Zwei Walnußhälften gleich, bergen die beiden Kassettenteile in ihrem Inneren die Nähmaschine.   (Guter Rat)

R 180 Die folgende Tabelle gibt einen Überblick über die Kommasetzung beim einfachen und erweiterten Partizip:

ohne Komma	mit Komma
Wütend stürzte sich der Stier auf den Torero. (R 171)	Vor Wut schnaubend, stürzte sich der Stier auf den Torero. (R 170)
Der Stier stürzte sich wütend auf den Torero.	Der Stier stürzte sich, vor Wut schnaubend, auf den Torero.
	Der Stier stürzte sich auf den Torero, wütend. (R 173)
	Der Stier stürzte sich auf den Torero, vor Wut schnaubend.
Fröhlich singend zogen wir durch die Straßen. (R 172)	Fröhlich singend, zogen wir durch die Straßen.
Ihr Wagen war gerade frisch lackiert aus der Werkstatt gekommen.	Ihr Wagen war, gerade frisch lackiert, aus der Werkstatt gekommen.
Jung gefreit hat selten gereut. (R 174)	Jung gefreit, das hat selten gereut.

ohne Komma	mit Komma

Ungeachtet seines Protestes begab
sie sich in Gefahr. (R 174)

Sie kam ohne Mantel und bis auf
die Haut durchnäßt nach Hause.

Ihre Anfrage betreffend teilen wir Ihnen mit, daß ... (R 175)	Ihre Anfrage betreffend, teilen wir Ihnen mit, daß ...
Der Walfisch ist genaugenommen gar kein Fisch.	Der Walfisch ist, genaugenommen, gar kein Fisch.
Vom Wetter abgesehen war es ein schöner Urlaub.	Vom Wetter abgesehen, war es ein schöner Urlaub.
Ihrem Wunsch entsprechend erhalten Sie hiermit unseren Katalog.	Ihrem Wunsch entsprechend, erhalten Sie hiermit unseren Katalog.
	Angesprochen, fuhr er jäh aus seinen Träumen auf. (R 176)
	Wir schicken Ihnen, wie vereinbart, Ihren Brief zurück.
Aufgetaut ist das Kühlgut sofort zu verbrauchen.	Einmal aufgetaut, ist das Kühlgut sofort zu verbrauchen.
Er drückte mir sichtlich erfreut die Hand. (R 177)	Er drückte mir, sichtlich erfreut, die Hand.
	Er drückte mir, sichtlich erfreut, herzlich die Hand.

Das Komma bei Konjunktionen

Das Komma vor „und" und „oder"

■ **R 181** Vor *und* und *oder* steht ein Komma,
– wenn sie koordinierte Hauptsätze verbinden (vgl. R 143):

> Ich bin in einer Schwimmsportgemeinschaft, und meine
> Freundin spielt Volleyball.
> Entweder du holst mich ab, oder wir treffen uns vor dem Kino.

■ – wenn sie, meist in Verbindung mit einer subordinierenden
Konjunktion, ein Satzgefüge einleiten, das mit einem Nebensatz oder einem erweiterten Infinitiv beginnt (vgl. R 153):

128

Sie ließ ihn merken, daß sie ihn nicht liebte, und wenn er mehr von ihr wollte, ... dann zuckte sie die Achseln ... (L. Feuchtwanger)

Er hatte einen grobgestrickten und ungeheuer langen Schal um den Hals gewickelt, und als Robert ihn daran aus dem Kreis zog, sagte er empört: ... (H. Kant)

Rings um unseren Klingelknopf hatten sich die Zinken der Bettler, die Zeichen der Landstreicher gesammelt, und wer hausieren kam, hatte die Chance, etwas abgekauft zu bekommen. (H. Böll)

Jetzt malte sich Angst auf Wieses Gesicht, denn er, der Primus, wurde als erster nach dem Täter befragt, und da er niemals einen Lehrer belog, ... geriet er jedesmal in Gewissensnot. (D. Noll)

Als das Klingelzeichen erscholl und seine Nachbarn wieder eintraten, fühlte er, daß Frau von Rinnlingens Augen auf ihm ruhten, und ohne es zu wollen, erhob er den Kopf nach ihr. (Th. Mann)

Im Urlaub haben wir viel gebadet, oder wenn es zu kühl war, haben wir schöne Wanderungen unternommen.

– wenn sie nach einem Schaltsatz, einem eingeschobenen Nebensatz, einem erweiterten Infinitiv oder Partizip, einer Apposition oder einer nachgestellten Fügung den zweiten Teil des unterbrochenen Hauptsatzes einleiten (vgl. R 150):

Ich hatte viel zu tun, das mußt du verstehen, und kann Dir deshalb erst heute schreiben.

„... Denn mein Vater war der Sache eigentlich gar nicht geneigt, müssen Sie wissen, und machte eine längere Bedenkzeit zur Bedingung ..." (Th. Mann)

Sie bückte sich nach dem Schlüssel, der irgendwo versteckt war, und stieß die Tür weit auf. (D. Noll)

Er tat, als interessierten ihn die Anschläge an der Wand, und versuchte, etwas aus den Gesprächen aufzufangen. (H. Kant)

Sie sah mich einen Augenblick zögernd an, riß dann ein Stück von einer braunen Kleberolle ab, reichte es mir heraus, ohne ein Wort zu sagen, und schob die Scheibe wieder herunter. (H. Böll)

Sie saß im Schnee, ganz in Decken und Pelzwerk verpackt, und atmete hoffnungsvoll die reine, eisige Luft, um ihrer Luftröhre zu dienen. (Th. Mann)

Da saß er, der behagliche, bürgerlich fette Herr, und setzte

Pierre auseinander, er habe gehört, auch er, Pierre, interessiere sich für die Sache der Insurgenten.   (L. Feuchtwanger)

Er griff aufs Geratewohl in Gesichter und Schultern, mit beiden Händen, und kniff und rüttelte.   (A. Seghers)

Karl, mein Bruder, und ich (= zwei Personen) sind zusammen im Theater gewesen.

■ – wenn *und* einen Schaltsatz oder eine nachgestellte genauere Bestimmung einleitet:

Alle Arten von Tätigkeiten, und dazu gehört das Lernen, fördern die Persönlichkeitsentwicklung, die bis ins höchste Alter möglich ist.   (Guter Rat)

Sie hatte Angst vor Hunden, und das nicht ohne Grund.

Ich muß morgen Staub wischen, und zwar gründlich.

Er hat sich geärgert, und wie!

■ **R 182** Vor *und* und *oder* steht kein Komma,

– wenn sie kurze, eng zusammengehörende Hauptsätze miteinander verbinden (vgl. R 144):

Er lernte und er lernte.

Nimm deine Sachen und geh nach Hause!

– wenn sie Hauptsätze verbinden, die ein Satzglied gemeinsam haben, das nur einmal genannt wird (vgl. R 144):

Klaus studiert Pädagogik und seine Schwester Außenwirtschaft.

Sie flog und er fuhr mit dem Zug nach Moskau.

– wenn sie Nebensätze gleichen Grades verbinden (vgl. R 151):

Wer sehr tierlieb ist und (wer) auch in stillen Stunden ein Lebewesen um sich haben will, der schaffe sich einen Hund an.

– wenn sie die Glieder einer Aufzählung verbinden (vgl. R 96):

Karl, mein Bruder und ich (= drei Personen) sind zusammen im Theater gewesen.

Ich freue mich darauf, im Urlaub zu wandern, zu baden oder nach Herzenslust zu faulenzen.

R 183 Wenn ein erweiterter Infinitiv oder ein Nebensatz als Glied einer Aufzählung angefügt ist, wird das Komma freigestellt (vgl. R 106):

Aus Interesse(,) und um sich weiterzubilden(,) nahm er an dem Lehrgang teil.

Sie kaufte Butter, Zucker(,) und was sie sonst noch brauchte.

R 184 Bei einem Satzbruch (Anakoluth) kann man vor *und* ein Komma setzen, da der folgende Teilsatz die Form eines Hauptsatzes hat; das Komma kann jedoch auch weggelassen werden, da der auf *und* folgende Teilsatz den Charakter eines Nebensatzes hat:

Wenn eine Sturmflut wütet(,) und der Deich hält nicht stand, dann greifen alle mit zu.

Sie sagte zu Bentsch: „Wenn wir mal doch ein Kind bekommen, und das Kind ist dann ein Sohn, bitte seien Sie doch dann der Pate." (A. Seghers)

Das Komma vor „als" und „wie"

R 185 Vor den vergleichenden Konjunktionen *als* und *wie* steht ein Komma, wenn sie einen vollständigen Vergleichssatz einleiten (vgl. R 149):

Auch er ist alt geworden, lebt nun schon seit Jahren mit dieser Dora zusammen, und ihre Freundschaft ist langweiliger geworden, als eine Ehe werden kann. (H. Böll)

Sie aber wußte von allen diesen Dingen viel mehr, als er glaubte. (H. Fallada)

Kleine Kinder bis zum 2. Lebensjahr brauchen Spielzeug, das nicht größer ist, als sie mit den kleinen Händen ergreifen können. (Guter Rat)

„... Der Teufel ist nicht so schwarz, wie er gemalt wird, und die Telegraphie auch nicht, und wir auch nicht ..." (Th. Fontane)

Oftmals saß sie, wie das ihre Vorschrift war, stundenlang im sonnigen Frost auf der Terrasse. (Th. Mann)

Vor Geschäften mit naiven, redlichen Männern, wie der Minister einer war, hatte er stets ein gewisses Unbehagen, sie waren so unberechenbar. (L. Feuchtwanger)

Da ging alles so weiter, wie es diese Woche gegangen war. (A. Seghers)

R 186 Vor einer einfachen Vergleichsbestimmung steht kein Komma (vgl. R 95):

In diesem Urlaub hatten wir besseres Wetter als im vergangenen Jahr.

Diese Aufgabe ist nicht so schwer wie die erste.

Was auch dabei herauskam, es war reizvoller, mit Weltgeschichte zu handeln als mit Holz.   (L. Feuchtwanger)

■ **R 187**   Nachgestellte Fügungen mit *wie* in der Bedeutung *wie zum Beispiel* können entweder als Appositionen in Kommas eingeschlossen werden oder als vergleichende Aufzählungen ohne Kommas stehen (vgl. R 137):

Zu Schwerpunktzeiten(,) wie Messevorbereitungen oder Landwirtschaftsausstellungen(,) finden wöchentlich Sitzungen statt.

Metalle wie Gold und Silber sind Edelmetalle.

Vor den hellen Fenstervierecken sah er ganz gelb aus, wie ein Laubschwarm.   (A. Seghers)

Sie bekannte sich, wie das ganze fortschrittliche Paris, herzhaft zu der Sache der Amerikaner ...   (L. Feuchtwanger)

■ **R 188**   Vor einem mit *als* oder *wie (denn)* eingeleiteten Infinitiv mit *zu* steht nur dann ein Komma, wenn der Infinitiv erweitert ist (vgl. R 167):

Es ist besser zuzugreifen, als tatenlos zuzusehen. Es war ebenso zeitraubend zu fahren, wie zu Fuß zu gehen.

Aber ohne Komma beim nichterweiterten Infinitiv:

Zu laufen ist beschwerlicher als zu fahren.

Es ist ebenso zeitraubend zu fahren wie zu laufen.

Das Komma bei mehrteiligen Konjunktionen oder bei Konjunktionen in Verbindung mit anderen Einleitewörtern

■ **R 189**   Das Komma steht vor der eigentlichen Konjunktion, wenn jeder Teil seine Eigenbedeutung gewahrt hat:

Morgen soll es regnen, angenommen, daß der Wetterbericht stimmt.

Seit diesen furchtbaren Tagen aber war sie nicht wieder zu Kräften gekommen, gesetzt, daß sie jemals bei Kräften gewesen war.   (Th. Mann)

Drei Testpersonen nähten und tauschten ihre Erfahrungen –
ausgehend davon, daß vorwiegend ungeübte Erstnäherinnen
sich eine solche Haushaltsmaschine kaufen. (Guter Rat)
Oft fällt mein Blick in den Spiegel, so oft, wie ich den Eimer
füllen muß ... (H. Böll)
Manchmal warf sie ihrem Mann einen schiefen Blick zu, so,
als sei sie im Begriff, die Brautmutter zu überlisten. (A. Seghers)
Ich beobachtete ihn genau, wie er mit seinen kurzen weißen
Fingern an den Koteletts vorbei vorsichtig nach den Zigaretten
angelte ... (H. Böll)
Das Baby schreit fast nie, ausgenommen, wenn es Hunger hat.

■ **R 190** Das Komma steht sinngemäß vor der ganzen Fügung,
wenn ihre Teile eine Bedeutungseinheit bilden:

Ich hätte mir lieber die Zunge abgebissen, als daß ich ihn ver-
raten hätte.
Das Baby schreit fast nie, außer wenn es Hunger hat.
Sie unterschrieb, ohne daß sie den Vertrag durchgelesen hatte.
Er kehrte zurück, lange nachdem es dunkel geworden war.
Das Unglück war passiert, zwei Tage bevor die Brücke repariert
werden sollte.
Es war ihm unbehaglich, etwa wie in der Sprechstunde beim
Arzt. (A. Seghers)
Sie dachte vielleicht, es sei etwas Ähnliches, wie wenn jemand
beim Skat verliert oder bei der Lotterie mit einer Niete heraus-
kommt. (H. Fallada)

R 191 In einigen Fällen ist das Komma freigestellt, je nach-
dem, ob die Fügung als Sinneinheit empfunden wird oder nicht.
Hierher gehören Fügungen mit *je nachdem, gleichviel, kaum, im
Fall, um so eher:*

Ich werde ihm gegenüber abweisend oder entgegenkommend
sein, je nachdem(,) ob er hartnäckig oder sachlich ist.
Das Fußballspiel findet statt, gleichviel(,) ob es regnet oder
nicht.

R 192 Koordinierende Konjunktionen wie *und, oder, aber,
denn, doch* stehen oft vor subordinierenden Konjunktionen, relativen und interrogativen Pronomina oder Pronominaladverbien,
mit denen sie eine feste Verbindung eingehen, die nicht durch
Komma getrennt wird (vgl. R 153 u. R 181):

Am Nachmittag sollte eine Bootsfahrt stattfinden, aber weil schlechtes Wetter war, mußte sie ausfallen.

Er öffnete die Tür und hatte inzwischen Zeit gefunden, ein anderes Gesicht aufzusetzen, und als wir in den Flur hineingingen, quoll Badedampf aus einer Tür ...   (H. Böll)

... die Schnitzereien waren von Dupin, und wenn der Schreibtisch nicht der schönste im Königreich war, so war er bestimmt der kostspieligste.   (L. Feuchtwanger)

Wir machen eine Wanderung, und wer mitkommen will, muß sich beeilen.

■ **R 193**   Das Komma zeigt die Grenze zwischen Haupt- und Nebensatz an. Steht es zwischen einer Adverbialbestimmung und einer Konjunktion, so gehört die Adverbialbestimmung zum vorangehenden Hauptsatz; steht das Komma vor der Adverbialbestimmung, so gehört sie zum folgenden Nebensatz:

Ich freue mich auch, wenn du mir nur eine Karte schreibst oder: Ich freue mich, auch wenn du mir nur eine Karte schreibst.

Die Rehe bemerkten ihn gleich, als er sein Versteck verließ oder: Die Rehe bemerkten ihn, gleich als er sein Versteck verließ.

Alphabetische Übersicht über die gebräuchlichsten Konjunktionen und konjunktional gebrauchten Adverbien

R 194   Die folgende Tabelle gibt in alphabetischer Reihenfolge eine Übersicht über die Konjunktionen und konjunktional gebrauchten Adverbien, die für die Kommasetzung von Bedeutung sind:

ohne Komma	mit Komma

aber

Das Wetter war heute aber kalt.	Das Wetter war heute schön, aber kalt. (R 104)
Du bleibst aber da.	Ich gehe fort, aber du bleibst da. (R 143)
	Ich gehe fort, du aber bleibst da.
	Er sprach lauter, aber da der Sturm brauste, verstanden wir ihn nicht. (R 192)
	Er sprach lauter, da aber der Sturm brauste, verstanden wir ihn nicht.
Sie trinkt den Tee aber mit Zitrone.	Sie trinkt gern Tee, aber mit Zitrone. (R 104)

abgesehen [da]von, [daß]

Davon abgesehen hatten wir auch gar keine Lust zu wandern.	Wir hatten keine Lust zu wandern, abgesehen [davon], daß schlechtes Wetter war. (R 189)
Abgesehen davon hatten wir auch gar keine Lust.	Es war schlechtes Wetter, abgesehen davon hatten wir auch gar keine Lust.
Außerdem hatten wir davon abgesehen auch gar keine Lust.	
Vom Wetter abgesehen war es ein schöner Urlaub.	Vom Wetter abgesehen, war es ein schöner Urlaub. (R 175)

allein

	Ich habe auf ihn gewartet, allein er ist nicht gekommen. (R 143)
Er kam allein, ohne seine Schwester.	Er kam, allein ohne seine Schwester. (R 133)

allerdings

Er kam heute allerdings wieder zu spät.	Er kam heute, allerdings wieder zu spät. (R 133)

135

ohne Komma	mit Komma
Sie ist allerdings noch sehr jung.	Wir haben eine neue Mitarbeiterin, allerdings ist sie noch sehr jung. (R 143)

als

	Es war schon dunkel, als wir nach Hause kamen. (R 149)
Er ist größer als ich.	Er ist größer, als ich im selben Alter war. (R 149 u. R 185)
Sie gibt mehr Geld aus als ihr Mann.	Sie gibt mehr Geld aus, als ihr Mann verdienen kann.
Heute ist alles anders als in meiner Jugend.	Heute ist alles anders, als es in meiner Jugend war.
Ich bleibe nicht länger als unbedingt nötig.	Ich bleibe nicht länger, als ich unbedingt muß.
Er ist besser als sein Ruf.	Er war nicht der Playboy, als der er sich ausgab.
Zu laufen ist beschwerlicher als zu fahren.	Es ist besser zuzugreifen, als tatenlos zuzusehen. (R 167)
Bei dieser Hitze gibt es nichts Besseres als schwimmen. (R 158)	Bei dieser Hitze gibt es nichts Besseres, als schwimmen zu gehen.
Ich will jetzt nichts als meine Ruhe haben.	Du brauchst nichts zu tun, als ruhig zu bleiben.
Sie pflegt lieber zu lesen als fernzusehen.	Sie pflegt lieber zu lesen, als vor dem Fernseher zu sitzen.
Zu Hause fühlte er sich als Pascha.	Zu Hause führte er sich auf, als wäre er ein Pascha. (R 149)
Er meldete sich als krank.	Er tat so, als fühlte er sich krank. (R 189)
Dr. Müller als Vertreter des Vorsitzenden eröffnete die Arbeitstagung.	Dr. Müller, als Vertreter des Vorsitzenden, eröffnete die Arbeitstagung. (R 133)
Seine Verantwortung als Bereichsleiter war groß.	
Sie wurde als redaktionelle Mitarbeiterin eingestellt.	

136

als daß

Er war viel zu stolz, als daß er sich
entschuldigt hätte.   (R 185)

als ob

Es war, als ob er irgendwohin
horchte ...   (Th. Mann)

Sie schloß die Augen, so als ob sie
schliefe.

... er sprach mit den Tieren immer so, als ob es Menschen wären ...   (H. Kant).   (R 149)

Er war böse auf mich, gerade als
ob ich es mit Absicht getan hätte.

Du tust gerade, als ob ich dich
hätte beleidigen wollen.   (R 189)

als wenn

Sie lief, gerade als wenn es um ihr
Leben ginge.

Ihm war, als wenn es geklingelt
hätte.   (R 149)

also

Er ist also auch sonntags für seine
Patienten zu sprechen.

Er ist immer für seine Patienten
da, also auch sonntags.   (R 133)

Ich helfe dir also jetzt auch.

Du hast mir geholfen, also helfe
ich dir jetzt auch.   (R 149)

Was machen wir also nun?

Also, was machen wir nun?
(R 123)

ander[e]nfalls

Er wollte versuchen zu kommen,
andernfalls müßten wir ohne ihn
feiern.   (R 143)

Er wollte unbedingt kommen,
weil wir anderenfalls ohne ihn
hätten feiern müssen.   (R 91)

Er wollte versuchen zu kommen,
anderenfalls wir ohne ihn feiern
müßten.   (R 149)

ander[e]nteils

s. u. einesteils   (R 104)

and[e]rerseits

s.u. einerseits   (R 104)

angenommen, [daß]

Angenommen, daß morgen schlechtes Wetter wird, was wird aus unserem Plan?

Angenommen, morgen ist schlechtes Wetter, was wird aus unserem Plan?

Was wird aus unserem Plan, angenommen, daß morgen schlechtes Wetter ist?

anstatt [daß]

Sie hatte anstatt Mitleid nur Spott für ihn übrig.

Sie lachte ihn nur aus, anstatt ihn zu bedauern.

Anstatt ihn zu bedauern, lachte sie ihn nur aus.   (R 155)

Sie gingen lieber ins Kino anstatt ins Theater.

Er ging einfach weiter, anstatt daß er sich entschuldigte.   (R 190)

Sie wollte lieber fernsehen anstatt lesen.   (R 158)

Sie wollte lieber fernsehen, anstatt zu lesen.

auch

Im Urlaub liebt er auch zu wandern.

Im Urlaub liebt er zu wandern, auch zu schwimmen.   (R 104)

Sie geht auch bei schlechtem Wetter täglich spazieren.   (R 91)

Sie geht täglich spazieren, auch bei schlechtem Wetter.   (R 133)

In der Nacht hatte der Regen und auch der Sturm aufgehört.

Es hatte aufgehört zu regnen, auch der Sturm hatte sich gelegt.   (R 143)

Ich freue mich über deinen Besuch, auch wenn du später kommst.   (R 189)

Ich freue mich über deinen Besuch, auch, wenn du später kommst.   (R 190)

Er schrieb mir auch, daß du mich besuchen willst.

Er schrieb mir, auch daß du mich besuchen willst, teilte er mir mit.

ausgenommen

Das Baby schreit nie, ausgenommen, es hat Hunger.

Das Baby schreit nie, ausgenommen, wenn es Hunger hat (oder: ausgenommen, daß es Hunger hat).   (R 189)

Das Geschäft ist täglich geöffnet, ausgenommen montags.   (R 173)

Ausgenommen montags ist das Geschäft täglich geöffnet.

Ausgenommen montags, ist das Geschäft täglich geöffnet. (R 172)

Das Geschäft ist ausgenommen montags täglich geöffnet.

Das Geschäft ist, ausgenommen montags, täglich geöffnet.

außer

Das Geschäft ist außer montags täglich geöffnet.

Das Geschäft ist, außer montags, täglich geöffnet.   (R 133)

Das Geschäft ist täglich geöffnet, außer montags.

Ich weiß nichts Näheres, außer daß er krank ist.   (R 190)

Das Baby schreit nie, außer wenn es Hunger hat.

außerdem

Er ist außerdem pünktlich und gewissenhaft.

Er ist fleißig, außerdem pünktlich und gewissenhaft.   (R 104)

Sie ist Schauspielerin und schreibt außerdem Bücher.

Sie ist Schauspielerin, außerdem schreibt sie Bücher.   (R 143)

bald – bald

Bald ist er hier, bald dort. (R 104)

Bald regnete es, bald schien wieder die Sonne.   (R 104)

besonders

Birnen, Pflaumen und besonders Äpfel esse ich gern.

Birnen, Pflaumen, besonders aber Äpfel esse ich gern.   (R 104)

Ich esse besonders gern Äpfel.

Obst, besonders Äpfel, esse ich gern.   (R 133)

Er geht besonders am Abend gern spazieren.

Er geht, besonders am Abend, gern spazieren.   (R 133)

Er liebt seinen Wodka besonders, wenn er eisgekühlt ist.   (R 189)

Er liebt seinen Wodka, besonders wenn er eisgekühlt ist.   (R 190)

Sein Vortrag interessiert mich besonders, weil ich ihn persönlich kenne.

Sein Vortrag interessiert mich, besonders weil ich ihn persönlich kenne.

bevor

Sie war krank, lange bevor sie den Arzt aufsuchte.   (R 190)

Sie zögerte lange, bevor sie anklopfte.   (R 189)

Das Unglück geschah, zwei Tage bevor die Brücke repariert werden sollte.   (R 190)

Sie wartete zwei Tage, bevor sie den Arzt aufsuchte.

Bevor sie den Arzt aufsuchte, wartete sie zwei Tage.

Ein halbes Jahr, bevor er zur Kur fuhr, war er krank geschrieben.

beziehungsweise (bzw.)

Der Täter ist flüchtig bzw. verbirgt sich.   (R 105)

Der Täter ist flüchtig, bzw. er verbirgt sich.   (R 143)

Ihre Kinder sind 18 bzw. 16 Jahre alt.

Ich suche ein Grundstück am Wasser bzw. in Wassernähe.

Ich suche ein Grundstück am Wasser, bzw. in Wassernähe. (R 133)

bis

Sie hatte fünf Minuten gewartet bis zu seinem Eintreffen.

Sie wartete fünf Minuten, bis er endlich erschien.   (R 149)

ohne Komma	mit Komma
Bis zu seinem Eintreffen hatte sie bereits fünf Minuten gewartet.	Bis er endlich erschien, hatte sie bereits fünf Minuten gewartet.
Sie hatte bis zu seinem Eintreffen bereits fünf Minuten gewartet.	Sie hatte, bis er endlich erschien, bereits fünf Minuten gewartet.
Der Zug fährt bis Berlin durch.	Der Zug fährt durch, bis Berlin. (R 133)
Er kam nicht eher nach Hause, als bis es dunkel wurde. (R 190)	

da

	Gestern hatte der Unterricht wieder begonnen, da kein weiterer Krankheitsfall vorgekommen war. (D. Noll)
	Bentsch freute sich jetzt, da er seine Verlegenheit überwunden hatte. (A. Seghers) (R 149)
	„... hier war es, da einer von uns auf den Schild gehoben wurde ..." (H. Kant)
Er steht da draußen vor dem Tor.	Am Brunnen vor dem Tore, da steht ein Lindenbaum. (R 104)
	Er war kaum aus dem Urlaub zurück, da stürzte er sich schon wieder in die Arbeit. (R 143)

daher

	Er erhielt eine Prämie, daher seine Freude. (R 154)
Er hatte daher aufmerksame Zuhörer.	Er erzählte spannend, daher hatte er aufmerksame Zuhörer. (R 143)

damit

	„Einmal hat ein Reporter seine Frau umgebracht, damit er für den nächsten Tag eine Meldung hatte." (H. Kant) (R 149)

141

ohne Komma	*mit Komma*
Sie rechneten nicht damit, daß er trotzdem kommen würde.	Daß er trotzdem kommen würde, damit hatten sie nicht gerechnet.
Sie hatten nicht damit gerechnet, daß er trotzdem kommen würde.	
Sie hat sich entschuldigt, und damit ist der Fall für mich erledigt.	Sie hat sich entschuldigt, damit ist der Fall für mich erledigt. (R 143)

das heißt (d. h.)/ das ist (d. i.)

Arzt, das heißt Heilkundiger und Menschenfreund. (R 139)	Das habe ich gesagt, d. h., den genauen Wortlaut weiß ich nicht mehr. (R 139)
Wir werden ihn am 12. September, d. h. an deinem Geburtstag(,) einladen. (R 139)	Wenn nichts dazwischenkommt, d. h., wenn der Zug keine Verspätung hat, muß er bald hier sein. (R 139)
Wenn man die Berge, d. h. den Hintergrund des Bildes betrachtet, erkennt man …	Sie versuchte, sich aus dem Staube zu machen, d. h., heimlich zu verschwinden. (R 139)
Am 25. Oktober, d. i. ein Montag, beginnt die Tagung.	

daß

	Ich hoffe, daß es dir bald wieder besser geht. (R 149)
	In der Hoffnung, daß es Dir bald wieder besser geht, sende ich Dir herzliche Grüße.
	Daß du uns bald besuchen willst, freut uns sehr.
Er war zu stolz, als daß er sich entschuldigt hätte. (R 190)	Er ist ein guter Schüler, abgesehen davon, daß seine Disziplin zu wünschen übrigläßt. (R 189)
Sie ging einfach weiter, (an-)statt daß sie ihn begrüßt hätte.	Angenommen, daß der Wetterbericht stimmt, wird morgen schönes Wetter.

142

ohne Komma	mit Komma
Das Baby schreit nie, außer daß es Hunger hat.	Das Baby schreit nie, ausgenommen, daß es Hunger hat.
Er blieb nicht einmal stehen, geschweige(,) daß er sich entschuldigte.	Dadurch, daß wir nicht zu Hause waren, habe ich das Fernsehspiel versäumt.
Ich bin beim Arzt, im Falle(,) daß jemand anruft.	Ich danke dir dafür, daß du mir geholfen hast.
Er ging vorüber, ohne daß er mich gegrüßt hätte.	Das kommt daher, daß du nie richtig zuhörst.
	Er rechnet damit, daß er bald wieder gesund ist.
Sie war sehr empfindlich, so daß sie sich leicht erkältete.	Sie erinnerte sich daran, daß heute sein Geburtstag war.
	Mach dir nichts daraus, daß er dich nicht leiden kann!
	Ich halte nicht viel davon, daß du ihm nachläufst.
	Er ist bestimmt pünktlich, es sei denn, daß der Bus ausfällt.
	Seit diesen furchtbaren Tagen aber war sie nicht wieder zu Kräften gekommen, gesetzt, daß sie jemals bei Kräften gewesen war. (Th. Mann)
Wir liefen immer weiter, ungeachtet daß es schon dunkel wurde.	Wir liefen immer weiter, ungeachtet dessen, daß es schon dunkel wurde.
Das Gewitter brach los, kaum daß wir zu Hause waren.	Ich glaube kaum, daß wir heute mit seinem Besuch rechnen können.
	Unter der Bedingung, daß du die Karten besorgst, gehe ich mit ins Theater.
	Vorausgesetzt, daß du die Karten besorgst, gehe ich mit ins Theater.
	Zugegeben, daß ich dich geärgert habe, so war es doch nicht böse gemeint.

143

ohne Komma	mit Komma

denn

Das Baby schreit nie, es sei denn, daß es Hunger hat.	Ich liege seit drei Tagen im Bett, denn ich habe mich beim Baden erkältet. (R 143)
	Wir mußten uns mit dem Essen beeilen, denn wenn wir den Zug noch erreichen wollten, war es die höchste Zeit. (R 190)
Es war schöner denn je.	Es ist angenehmer zu fahren, denn als Fußgänger naß zu werden. (R 188)
Man hat kein Schicksal, man hätte es sich denn er-kämpft. (H. Mann)	
Wo ist denn das kleine Hundchen?	

dennoch

	Sein Gesicht war nicht schön, dennoch sympathisch. (R 104)
Es war ein kurzer und dennoch schöner Urlaub.	Es regnete oft, dennoch war der Urlaub schön. (R 143)
Es war dennoch ein schöner Ur-laub.	

deshalb/deswegen

Die Straßen sind heute vereist, du mußt deshalb langsam fahren!	Er war krank, deshalb konnte er nicht zum Dienst kommen. (R 143)
Er hat nur deshalb geleugnet, weil er Angst vor Strafe hatte.	Er hatte Angst vor Strafe, deshalb hat er geleugnet.
Du darfst deswegen nicht den Mut verlieren.	Du hast keinen Grund, deswegen den Mut zu verlieren.

doch

Diesmal habe ich mich doch ge-irrt.	Ich hielt sie für eine Bekannte, doch ich hatte mich geirrt. (R 143)

ohne Komma	mit Komma
Die Schuhe waren doch viel zu teuer.	Die Schuhe waren elegant, doch viel zu teuer. (R 104)
Komm mich doch einmal besuchen!	

ehe

Eine Viertelstunde ehe der Unterricht begann, saßen sie schon auf ihren Plätzen.	Sie waren drei Jahre verlobt, ehe sie heirateten. (R 149)
Sie saßen bereits auf ihren Plätzen, eine Viertelstunde ehe der Unterricht begann. (R 190)	Sie waren, ehe sie heirateten, bereits drei Jahre verlobt.
	Ehe sie heirateten, waren sie schon drei Jahre verlobt.

einerseits – and[e]rerseits / anderseits

Sie gefiel ihm einerseits ganz gut, aber er hatte andererseits Furcht vor einer baldigen Heirat.	Einerseits gefiel sie ihm, andererseits hatte er Furcht vor einer baldigen Heirat.
Sie ist eine tüchtige Arbeiterin.	Sie ist einerseits tüchtig, andererseits manchmal unzuverlässig. (R 104)
Sie ist jedoch andererseits oft unzuverlässig.	

einesteils – ander[e]nteils

Einesteils war der Mai in diesem Jahr recht kühl, hatte aber anderenteils zu wenig Regentage.	Unser Urlaubswetter war einesteils schön, anderenteils regnerisch. (R 104)

entweder – oder

Entweder sie kommt oder ruft an. (R 105)	Entweder sie kommt, oder sie ruft an. (R 143)
Entweder sie kommt oder ruft an oder schickt einen Boten.	Entweder ich komme, oder du rufst an.
Du wirst entweder mich oder meine Schwester antreffen.	Er hat entweder keine Zeit, oder er hat unsere Verabredung vergessen.
Sie ist entweder in der Küche oder im Garten.	

145

erst(,) als / erst(,) wenn

Erst als es anfing zu regnen, merkte ich, daß ich meinen Schirm vergessen hatte.   (R 190)

Erst wenn deine Schularbeiten fertig sind, darfst du Fußball spielen.

Ich bemerkte erst, als es zu regnen anfing, daß ich meinen Schirm vergessen hatte.   (R 189)

Du darfst erst Fußball spielen, wenn deine Schularbeiten fertig sind.

es sei denn, [daß]

Er ist bestimmt pünktlich, es sei denn, der Bus fällt aus.

Er ist bestimmt pünktlich, es sei denn, daß der Bus ausfällt. (R 189)

falls

Ich bin zu Hause, falls du mich anrufen willst.   (R 149)

Du kannst mich im Dienst anrufen, aber falls du mich nicht erreichst, auch abends zu Hause. (R 190)

Du kannst mich, falls du mich im Dienst nicht erreichst, abends zu Hause anrufen.

ferner

Ich habe ferner das Geschirr abgewaschen und die Blumen gegossen.

Ich habe Staub gewischt, ferner das Geschirr abgewaschen und die Blumen gegossen.   (R 104)

Ich habe Staub gewischt, ferner habe ich die Blumen gegossen. (R 143)

geschweige [denn, daß]

Er hat mich nicht beachtet, geschweige denn gegrüßt.

Er hat mich nicht beachtet, geschweige gegrüßt.

ohne Komma	mit Komma
Er hat mich nicht beachtet, geschweige daß er mich gegrüßt hätte. (R 190)	Er hat mich nicht beachtet, geschweige [denn], daß er mich gegrüßt hätte. (R 189)

gesetzt, [daß] / gesetzt den Fall, [daß]

Was wird aus unserem Ausflug, gesetzt [den Fall], daß morgen schlechtes Wetter ist? (R 189)

Was wird aus unserem Ausflug, gesetzt [den Fall], morgen ist schlechtes Wetter?

Gesetzt [den Fall], morgen ist schlechtes Wetter, was wird aus unserem Ausflug?

gleichsam(,) als [ob]

Sie war ganz außer Atem, gleichsam als wäre sie schnell gelaufen. (R 190)	Sie war ganz außer Atem, gleichsam, als wäre sie schnell gelaufen. (R 189)
Sie war ganz außer Atem, gleichsam als ob sie schnell gelaufen wäre.	Er schwankte, gleichsam, als verlöre er den Boden unter den Füßen.

gleichviel(,) ob/wo

Die Arbeit muß geschafft werden, gleichviel ob es dir Spaß macht oder nicht. (R 191)	Die Arbeit muß geschafft werden, gleichviel, ob es dir Spaß macht oder nicht. (R 189)
Sie schreibt mir stets eine Ansichtskarte, gleichviel wo sie sich gerade aufhält.	Sie schreibt mir stets eine Ansichtskarte, gleichviel, wo sie sich gerade aufhält.

halb – halb

Halb zog sie ihn, halb sank er hin … (Goethe) (R 143)

Sie betrachtete ihn halb ängstlich, halb neugierig. (R 104)	Sie sah ihn an, halb ängstlich, halb neugierig. (R 133)

im Fall(e) [, daß]

Ich rufe dich an, im Falle daß ich verhindert bin.   (R 191)

Im Fall ich bin verhindert, rufe ich dich an.

Ich rufe dich an, im Fall ich verhindert bin.

Ich rufe dich an, im Falle, daß ich verhindert bin.   (R 189)

in der Annahme/Erwartung/Hoffnung, daß

In der Annahme (Erwartung, Hoffnung), daß es Dir inzwischen wieder besser geht, sende ich Dir herzliche Grüße.   (R 189)

Er hatte in der Annahme, daß es sich nur um einen harmlosen Scherz handelte, eingewilligt.

Er hatte eingewilligt in der Annahme, daß es sich nur um einen harmlosen Scherz handelte.

Er hatte eingewilligt, in der Annahme, daß es sich nur um einen harmlosen Scherz handelte. (R 138)

indem

Brüche werden durcheinander dividiert, indem man sie umgekehrt malnimmt.   (R 149)

Indem er angestrengt lauschte, schlich er langsam näher.

indes

Er hatte sich leichtes Spiel erhofft, indes der Gegner wehrte sich verzweifelt.   (R 143)

Der Gegner wehrte sich indes verzweifelt.   (R 91)

Seine Laune hatte sich indes zusehends verschlechtert.

Indes, der Gegner wehrte sich verzweifelt.   (R 154)

… seine Sprache erhielt etwas Gaumiges und Nasales, indes leicht schmatzende Geräusche im Schlunde sie begleiteten. (Th. Mann)   (R 149)

insbesondere [, wenn]

vgl. besonders

insofern [, als]

Ich bin insofern einverstanden, als er mir seine Hilfe zugesagt hat.

Ich bin insofern mit allem einverstanden.   (R 91)

Insofern als er mir seine Hilfe zugesagt hat, bin ich mit allem einverstanden.

Ich bin einverstanden, insofern als er mir seine Hilfe zugesagt hat.   (R 190)

Sie wollte die Anzeige zurücknehmen, insofern er sich bei ihr entschuldigte.   (R 149)

Insofern, als er mir seine Hilfe zugesagt hat, bin ich mit allem einverstanden.   (R 189)

ja

Tausende, ja Zehntausende sind gekommen.

Ich komme ja schon.   (R 122)

Daß mir das ja nicht wieder vorkommt!

Ja, ich komme schon.   (R 121)

je – desto

Der Hund wird desto ruhiger, je älter er wird.

Je mehr ich darüber nachdenke, desto weniger kann ich dich verstehen.   (R 149)

Du solltest zum Arzt gehen, je eher, desto besser.   (R 104)

jedoch

Er versuchte es jedoch vergebens. (R 91)

Er versuchte es nochmals, es war jedoch vergebens.

Er versuchte es nochmals, jedoch vergebens.   (R 104)

Er versuchte es nochmals, jedoch es war vergebens.   (R 143)

149

je – je

Sie waren einander je länger, je
herzlicher zugetan.

je nachdem [, ob/wie]

Ich werde ihm gegenüber abweisend oder entgegenkommend
sein, je nachdem ob er hartnäckig
oder sachlich ist.   (R 190)

Ich werde ihm gegenüber abweisend oder entgegenkommend
sein, je nachdem, ob er hartnäckig
oder sachlich ist.   (R 191)

Je nachdem ob er hartnäckig oder
sachlich ist, werde ich ihm gegenüber abweisend oder entgegenkommend sein.

Je nachdem, ob er hartnäckig
oder sachlich ist, werde ich ihm
gegenüber abweisend oder entgegenkommend sein.

Sie wird morgen persönlich kommen oder nur anrufen, je nachdem [wie] sie Zeit hat.

Sie wird morgen persönlich kommen oder nur anrufen, je nachdem, wie sie Zeit hat.

Je nachdem [wie] sie Zeit hat,
wird sie morgen persönlich kommen oder nur anrufen.

je – um/so

Je länger sie verheiratet sind, um
so häufiger zanken sie sich.
(R 149)

kaum(,) daß

Es begann zu regnen, kaum daß
wir zu Hause waren.   (R 191)

Sie spürte kaum, daß sie vom Regen durchnäßt wurde.   (R 189)

Sie reisten überstürzt ab, kaum,
daß sie das Nötigste mitnahmen.
(R 154)

nachdem

Er hatte sich von ihr getrennt,
nachdem er zwei Jahre mit ihr
verlobt gewesen war.   (R 149)

ohne Komma	mit Komma

Ein Jahr nachdem ihr Mann gestorben war, heiratete sie wieder. (R 190)

Ein Jahr, nachdem ihr Mann gestorben war, trug sie Trauer.

namentlich(,) wenn

Wir freuen uns über deinen Besuch, namentlich wenn du länger bleiben willst.

Wir freuen uns über deinen Besuch, namentlich, wenn du länger bleiben willst. (R 189)

nämlich [, wenn]

Einige Pilzarten wachsen nämlich erst im Oktober. (R 91)

Einige Pilzarten wachsen erst spät im Jahr, nämlich im Oktober. (R 133)

Wir sind nämlich zu einem Kollegen meines Mannes eingeladen.

Wir sind zu einem Bekannten, nämlich dem Kollegen meines Mannes, eingeladen. (R 124)

Sie besucht uns nur selten, nämlich wenn sie nichts Besseres vorhat. (R 190)

Sie besucht uns nur selten, nämlich, wenn sie nichts Besseres vorhat. (R 189)

nicht – noch

Um dieses Ziel zu erreichen, hat sie nicht Kosten noch Mühe gescheut. (R 105)

Sie hat nicht gegessen, noch hat sie vor Aufregung schlafen können. (R 143)

Sie konnte vor Schmerzen nicht liegen noch sitzen(,) noch gehen.

nicht nur – sondern auch

Sie war nicht nur im Hochsprung Siegerin, sondern auch im Speerwerfen. (R 104)

Sie war Siegerin, nicht nur im Hochsprung, sondern auch im Speerwerfen. (R 133)

Sie war nicht nur im Hochsprung Siegerin, sondern auch im Speerwerfen war sie die Beste. (R 143)

nicht – sondern

Er fuhr nicht mit dem Wagen,
sondern ging zu Fuß.   (R 104)

Ich kritisierte ihn nicht, um ihn
herabzusetzen, sondern um ihm
zu helfen.   (R 189)

    Ich kritisierte ihn, nicht um ihn
herabzusetzen, sondern um ihm
zu helfen.   (R 190)

Ich kritisierte ihn, nicht daß ich
ihn herabsetzen wollte, sondern
um ihm zu helfen.

    Ich kritisierte ihn, nicht, daß ich
ihn herabsetzen wollte, sondern
um ihm zu helfen.

ob

    Ich fragte sie, ob ich ihr helfen
könnte.   (R 149)

    Es ist mir gleich, ob du mit-
kommst oder ob du zu Hause
bleibst.

    Ob jung, ob alt, alles tummelte
sich im Wasser.   (R 104)

obgleich

    Er hatte nie Geld, obgleich er gut
verdiente.   (R 149)

    Obgleich er gut verdiente, hatte er
nie Geld.

    Sie blieb, obgleich sie ein hüb-
sches Mädchen war, lange unver-
heiratet.

obschon

vgl. obgleich

obwohl

vgl. obgleich

152

ohne Komma	*mit Komma*

oder

Den ganzen Tag liest sie oder sitzt vor dem Fernseher. (R 105)	Den ganzen Tag liest sie, oder sie sitzt vor dem Fernseher. (R 143)
Sie las oder sie strickte. (R 144)	
Seid leise oder verlaßt das Zimmer!	Seid leise, oder ihr verlaßt das Zimmer!
Ich weiß nicht, ob er heute kommt oder ob er noch krank ist. (R 151)	
Ich schlage vor, wir gehen zu Fuß oder du rufst ein Taxi.	
Sie liebte es, im Urlaub viel zu wandern oder zu schwimmen. (R 105)	Sie liebte es, im Urlaub viel zu wandern, oder ging häufig schwimmen. (R 181)
Früher oder später wird er es einsehen.	Im Urlaub sind wir viel gewandert, oder wenn es sehr heiß war, gingen wir baden. (R 181)
Im Laden bekommt man Lebensmittel, Obst oder was man sonst zum täglichen Leben braucht. (R 183)	Im Laden bekommt man Lebensmittel, Obst, oder was man sonst zum täglichen Leben braucht.

ohne daß

Er bot seine Hilfe an, ohne daß wir ihn erst bitten mußten. (R 190)	
Ohne daß wir ihn erst bitten mußten, bot er seine Hilfe an.	
Er bot, ohne daß wir ihn erst bitten mußten, seine Hilfe an.	

ohne zu

Ohne Pause und ohne müde zu werden, arbeitete er.	Er arbeitete, ohne zu rasten. (R 155)
	Sie ging vorüber, ohne ihn auch nur eines Blickes zu würdigen.

Ohne ihn eines Blickes zu würdigen, ging sie an ihm vorüber.

Sie ging, ohne ihn eines Blickes zu würdigen, an ihm vorüber.

seit

Sie hat sich seit ihrer schweren Krankheit noch nicht wieder erholt.

Sie hat sich noch nicht wieder erholt, seit sie krank war. (R 149)

selbst wenn

Er arbeitet täglich im Garten, selbst wenn es regnet. (R 190)

so

Kommen Sie so schnell wie möglich!

Er fand diese gleichaltrigen Mädchen … albern, so hübsch sie anzusehen waren in ihren knappen Badeanzügen. (D. Noll) (R 149)

Ich bin so groß wie du. (R 186)

Hat sie auch wenig Zeit, so gehört doch jede freie Minute ihren Kindern.

Du machst es am besten so, wie du es für richtig hälst. (R 189)

Er war, wenn auch nicht gerade reich, so doch wohlhabend. (R 104)

sobald

Ich komme, sobald es möglich ist. (R 149)

Ich werde dich, sobald ich zu Hause bin, anrufen.

so bald

Ich komme so bald als möglich. (R 186)

Ich komme so bald, wie es möglich ist. (R 149)

ohne Komma	mit Komma

so(,) daß

Er schrie so laut, daß ihn jeder hörte.   (R 149)

Er schrie laut, so daß ihn jeder hörte.   (R 190)

Er schrie so, daß ihn jeder hörte.
(R 189)

sofern

Ich komme morgen, sofern du nichts dagegen hast.   (R 149)

Sofern du damit fertig bist, kannst du mitkommen.

solange

Der Mensch hofft, solange er lebt.   (R 149)

Solange du Fieber hast, muß du im Bett bleiben.

sondern

Ich habe es nicht gesehen, sondern nur gehört.   (R 104)

Er hat keinen Sohn, sondern zwei Töchter.

Ich habe es nicht gesehen, sondern man hat es mir erzählt.
(R 143)

sooft

Er grüßt stets freundlich, sooft wir uns begegnen.   (R 149)

Sooft er kam, brachte er Blumen mit.

155

soviel

Nimm, soviel du willst.   (R 149)

Nimm soviel, wie du willst.

Soviel mir bekannt ist, stand das bereits zur Diskussion.

soweit

Wir werden dich soweit wie möglich unterstützen.   (R 186)

Es gefällt mir hier soweit recht gut.

Ich bin noch lange nicht soweit.

Wir werden dir helfen, soweit es in unseren Kräften steht.   (R 149)

Soweit ich es beurteilen kann, ist die Arbeit gut ausgefallen.

sowie

Dort ist Gelegenheit zu leichten und schweren Kletterpartien sowie zu vielen schönen Waldspaziergängen und zu Ausflügen in die Umgebung.   (R 105)

Er traf seine Maßnahmen, sowie er die erste Kunde von dem Vorfall erhielt.   (R 149)

sowohl – als / wie [auch]

Sowohl der Vater als [auch] die Mutter sind berufstätig.   (R 105)

Sowohl der Vater wie [auch] die Mutter sind berufstätig.

Der Vater sowohl als [auch] die Mutter sind berufstätig.

Der Vater sowohl wie [auch] die Mutter sind berufstätig.

Er glaubt, daß dieser Roman den Leser sowohl unterhält als auch belehrt.

Er glaubt sowohl, daß dieser Roman den Leser unterhält, als auch, daß er ihn belehrt.   (R 149)

statt

vgl. anstatt

teils – teils

Die Gäste waren teils jung, teils etwas älter. (R 104)

Teils lag noch Schnee auf den Straßen, teils war er schon geschmolzen. (R 143)

trotzdem

Sie hat sich viel Mühe gegeben, aber sie hat es trotzdem nicht geschafft.

Sie hat sich viel Mühe gegeben, trotzdem hat sie es nicht geschafft. (R 143)

Sie hat es nicht geschafft, trotzdem sie sich viel Mühe gegeben hat. (R 149)

um so

Je früher wir mit der Arbeit beginnen, um so eher sind wir fertig. (R 149)

Wir fahren schon früh am Nachmittag zurück, um so eher sind wir zu Hause. (R 143)

Ich bedaure seinen Tod um so mehr, als ich in ihm einen treuen Freund verloren habe.

Sein Verhalten befremdet mich, um so mehr, als ich ihn stets anders eingeschätzt habe. (R 189)

Ich verstehe sein Fehlen nicht, um so weniger, als er fest zugesagt hatte zu kommen.

um zu

Er kam, um zu helfen. (R 155)

Sie hatte sich sehr beeilt, und um nicht zu spät zu kommen, hatte sie sogar ein Taxi genommen. (R 181)

Sie beeilte sich, um pünktlich zu Hause zu sein.

157

und

ohne Komma	mit Komma
Karl, mein Bruder und ich gingen spazieren. (R 105)	Karl, mein Bruder, und ich gingen spazieren. (R 124; R 130; R 181)
Frühling und Sommer; gut und billig	Er gab nicht nach, und das mit Recht. (R 181)
Sie kaufte Butter, Zucker und was sie sonst noch brauchte. (R 183)	Sie kaufte Butter, Zucker, und was sie sonst noch brauchte.
Aus Interesse und um sich weiterzubilden, nahm er an dem Kursus teil. (R 183)	Aus Interesse, und um sich weiterzubilden, nahm er an dem Kursus teil.
Er lernte und er lernte. (R 144)	Es wurde immer kälter, und der Wind blies von Norden. (R 143)
Geh hin und überzeuge dich selbst!	Nur noch wenige Minuten, und wir können beginnen. (R 154)
Gehen Sie und versuchen Sie das selbst!	Wir konnten nicht weiterfahren, weil der Wagen beschädigt war, und mußten zu Fuß unseren Weg fortsetzen. (R 150)
Diese Aufgabe erfordert alle Kraft und verlangt gründliche Vorarbeit. (R 144)	Wir hoffen, Ihnen mit dieser Auskunft gedient zu haben, und grüßen Sie vielmals.
Hans hackte und Klaus schichtete das Holz.	Er kletterte hinauf, und als er die Luke öffnete, sah er, was vorgefallen war. (R 153)
Ich las die Zeitung und mein Bruder ein Buch.	
Sie hat ein Kleid, das schön ist und [das] zugleich wärmt. (R 151)	
Ich nehme an, daß er fortgegangen ist und daß er bald zurückkommt.	Ein Bach wird zum Hindernis, und um es zu überwinden, setzt er zum Sprunge an.
Hätten deine Eltern es erlaubt und hättest du Zeit, so könntest du mitgehen.	Der neue Fragebogen(,) und wie man ihn ausfüllen muß.
Sie flog und er fuhr mit dem Zug nach Prag.	Sie flog nach Budapest, und er fuhr mit dem Zug nach Prag.

ungeachtet [daß]

Sie pflegte ihn aufopfernd, ungeachtet daß sie selbst krank war. (R 190)	Sie pflegte ihn aufopfernd, ungeachtet dessen, daß sie selbst krank war. (R 133)
Er trank ungeachtet seines hohen Blutdruckes stets zu starken Kaffee. (R 175)	Er trank, ungeachtet seines hohen Blutdruckes, stets zu starken Kaffee. (R 133)

unter der Bedingung / Voraussetzung, daß

Ich leihe dir das Buch unter der Bedingung, daß du es sorgfältig behandelst. (R 189)	Unter der Bedingung, daß du das Buch sorgfältig behandelst, leihe ich es dir.
Ich werde dir das Buch nur unter der Voraussetzung leihen, daß du es sorgfältig behandelst.	Ich werde dir das Buch leihen, unter der Voraussetzung, daß du es sorgfältig behandelst. (R 133)

vielmehr

Sie blickte durch das Fenster oder vielmehr durch die Balkontür in den Garten.	Er schrieb einen Aufsatz, vielmehr eine ganze Abhandlung über dieses Thema. (R 104)
Ich ging vielmehr auf ihn zu und gab ihm die Hand.	Wir begrüßten uns, vielmehr ich ging auf ihn zu und gab ihm die Hand. (R 143)

vorausgesetzt, [daß]

Gutes Wetter vorausgesetzt, können wir am Wochenende baden gehen. (R 170)	Vorausgesetzt, daß der Zug keine Verspätung hat, werden wir pünktlich am Ziel sein. (R 189)
	Wir werden pünktlich am Ziel sein, vorausgesetzt, daß der Zug keine Verspätung hat.
	Morgen kann der Kranke wieder aufstehen, vorausgesetzt, er ist fieberfrei. (R 176)

ohne Komma	mit Komma

während

Sie ist während ihres Urlaubs krank geworden.	Wir nahmen uns vor, während des Urlaubs viel zu schwimmen.
	Sie schälte Kartoffeln, während er abwusch. (R 149)
Sie hört ständig laute Radiomusik, auch während sie arbeitet. (R 190)	Er treibt viel Sport, während seine Schwester lieber vor dem Fernseher sitzt.

weder – noch

Er war weder körperlich noch geistig in der Lage, das zu tun. (R 105)	Ich habe ihn weder danach gefragt, noch habe ich ihn darum gebeten. (R 143)
Er trinkt weder Kaffee noch Tee(,) noch Alkohol. (R 105)	Ich weiß weder, wie ich in den Wagen stieg, noch, wie ich die Strecke schaffte.
Das ist weder Fisch noch Fleisch.	

weil

Sie sah rot und jung aus, vielleicht weil das Gläschen Schnaps sie verjüngt hatte …(A. Seghers) (R 190)	Das Kind weinte, weil es seinen Schlüssel verloren hatte. (R 149)
	Sie mußte, weil der Bus ausgefallen war, ein Taxi nehmen.

wenn

	Das Baby schreit nur, wenn es Hunger hat. (R 149)
	Wenn du müde bist, müssen wir nach Hause gehen.
Er raucht, auch wenn er erkältet ist. (R 190)	Er raucht auch, wenn er erkältet ist. (R 189)
	Er raucht, wenn er auch erkältet ist.
	Sie hat die Arbeit geschafft, wenn auch in letzter Minute.
Das Baby schreit nie, außer wenn es Hunger hat.	Das Baby schreit nie, ausgenommen(,) wenn es Hunger hat. (R 189)

ohne Komma	mit Komma

Ich freue mich auf deinen Besuch, besonders wenn du länger bleiben kannst.   (R 193)

Erst wenn deine Schularbeiten fertig sind, darfst du fernsehen.

Ich käme gern, insbesondere wenn Ursula da wäre.

Die Heilungsaussichten sind gut, namentlich wenn die Erkrankung rechtzeitig erkannt wird.   (R 190)

Sie besucht uns nur selten, nämlich wenn sie nichts Besseres vorhat.

Er arbeitet täglich im Garten, selbst wenn es regnet.

Ich freue mich auf die Feier, zumal wenn du kommst.

Ich freue mich auf deinen Besuch besonders, wenn du länger bleiben kannst.

Du darfst erst fernsehen, wenn deine Schularbeiten fertig sind.

Ich käme insbesondere, wenn Ursula da wäre.

Die Heilungsaussichten sind gut, namentlich, wenn die Erkrankung rechtzeitig erkannt wird.   (R 189)

Sie besucht uns nur selten, nämlich, wenn sie nichts Besseres vorhat.

wie

Diese Aufgabe ist nicht so schwer wie die erste.   (R 186)

Das ging so schnell wie bei der Feuerwehr.

Sie steht da wie die Kuh vor dem neuen Tor.

Draußen regnete es wie gewöhnlich.

Ihr Sohn ist wie gesagt ein Taugenichts.   (R 175)

Manchmal ist es ebenso zeitraubend zu fahren wie zu laufen. (R 188)

Edelmetalle wie Gold und Silber sind gesucht.   (R 187)

Er ist mein Freund in guten wie in schlechten Zeiten.   (R 105)

Man ist stets so jung, wie man sich fühlt.   (R 185)

Man muß die Feste feiern, wie sie fallen.

Wie man in den Wald hineinruft, so schallt es heraus.

Draußen regnete es, wie gewöhnlich.   (R 133)

Ihr Sohn ist, wie gesagt, ein Taugenichts.

Manchmal ist es ebenso zeitraubend zu fahren, wie zu Fuß zu gehen.   (R 188)

Einige Schüler, wie Schulze, Schmidt und Kürzel, machen mir Freude.   (R 187)

Ich kann mich nicht mehr erinnern, wie er hieß.   (R 149)

zugegeben/zugestanden, daß

	Zugegeben, daß ich mich geirrt habe, so kann das schließlich jedem passieren.
	Wie soll es nun weitergehen, zugestanden, daß du recht hast (zugestanden, du hast recht)? (R 189)

zumal [da/wenn]

Er kennt sich zumal in der Klassik sehr gut aus.	Er kennt sich in der deutschen Literatur gut aus, zumal in der Klassik. (R 133)
Zumal sonntags beschäftigt er sich stundenlang mit seiner Briefmarkensammlung.	Alle unterstützten ihn gern dabei, zumal er auch stets hilfsbereit war. (R 149)
	Er gewann immer mehr Vorsprung, zumal da die Kräfte seines Verfolgers offensichtlich nachließen.
	Er neigt zu Gewalttätigkeit, zumal wenn er getrunken hat.

Das Komma in Verbindung mit anderen Satzzeichen

In der Rangordnung der Satzzeichen nimmt das Komma die niedrigste Stufe ein. Das bedeutet, daß es durch ein „ranghöheres" Satzzeichen wie Punkt, Semikolon oder Doppelpunkt aufgehoben wird, in der Regel auch durch ein Fragezeichen und Ausrufezeichen, wenn diese am Ende des Ganzsatzes stehen. Von diesen Satzzeichen wird nach dem sogenannten Kontraktionsgesetz die Kommafunktion mit erfüllt (s. S. 66). Da sich Gedankenstriche, Klammern und Anführungszeichen der Kontraktion entziehen, kommt das Komma nur in Verbindung mit diesen Satzzeichen vor. In Sonderfällen kann es auch gemeinsam mit einem Fragezeichen, Ausrufezeichen oder den Auslassungspunkten auftreten. Von den beiden hier behandelten Kommazeichen unterliegt nur das Doppelkomma der Kontraktion, so daß entweder das eröffnende oder das schließende Kommazeichen von einem ranghöheren Zeichen aufgehoben werden kann.

So wird in dem Satz *Sie rief: „Kinder, seid doch nicht so laut!"* das eröffnende Komma vor *Kinder* durch den Doppelpunkt absorbiert; in dem Satz *„Seid doch nicht so laut, Kinder!"* wird das schließende Komma nach *Kinder* durch das Ausrufezeichen aufgehoben.

R 195 Nach einem eingeschalteten Frage- oder Ausrufesatz steht außer dem Frage- oder Ausrufezeichen ein Komma, wenn dieses auch ohne die Einschaltung stehen müßte (vgl. R 27 u. R 48):

> Fragt er: Du, sag mal, wie war eigentlich so deine Jugend? und setzt er womöglich noch hinzu: Gab's da auch Spaß bei dir?, dann darf er sich nicht wundern … (H. Kant)
>
> „Man hat mir", sagte er, „schon tausendmal entgegengeschrien: Niemals!, und die Schreier haben nur die Luft erschüttert. (L. Feuchtwanger)

R 196 Wird ein Satzteil oder Satz mit Gedankenstrichen eingeschoben, so steht ein zum einschließenden Satz gehöriges Komma vor dem ersten oder nach dem zweiten Gedankenstrich (vgl. R 82):

> „… Ich fühle ihn hier", – er klopfte auf seinen schwarzen Kittel etwas unterhalb des Herzens – „den Haß auf meine Oberen, manchmal …" (H. Böll)
>
> Von dem Haus, in dem Robert jetzt lebte – ein Eckhaus zwischen Hauptstraße und Uferstraße –, waren nur noch Kellerwohnungen und Erdgeschoß übrig. (A. Seghers)

Ein Komma, das am Ende des eingeschobenen Satzes stehen müßte, wird durch den Gedankenstrich aufgehoben:

> Inzwischen hält einer der Brüder – das ist jetzt Kutti, der jüngere – dem Helmut die Spitze eines Stöckchens gegen die Kehle … (Chr. Wolf)

R 197 Das Komma steht nach der schließenden Klammer, wenn es auch ohne den eingeklammerten Zusatz stehen müßte:

Ich bin sonst gegen alle Gutachten, namentlich in Prozeßsachen (ich weiß ein Lied davon zu singen), aber ein Gutachten von Ihnen, da laß ich all meine Bedenken fallen. (Th. Fontane)

R 198 Das Komma steht nach dem schließenden Anführungszeichen, wenn der Satz nach der direkten Rede oder dem Zitat noch weitergeführt wird. Ein Einschub in die direkte Rede wird in Kommas eingeschlossen (vgl. R 147):

„Feinde haben keine guten Eigenschaften", entschied Martin. (E. Welk)

„In diesem Falle", sagte der Polizist nach einigem Überlegen, „gebe ich Ihnen fünf Sekunden." (H. Kant)

Schräg gegenüber ist die „Fliegende Untertasse", so nennen die Katowicer ihren großen Sport- und Veranstaltungspalast. (Weltbühne)

Steht am Ende der direkten Rede ein Frage- oder Ausrufezeichen, so entfällt das Komma (vgl. aber R 195):

„Was hat denn da auch ein Korb auf dem Tisch zu stehen?" brummte Martin ... (E. Welk)

„Wie furchtbar sie leiden muß!" flüsterte er. (Th. Mann)

R 199 Das Komma kann auch nach Auslassungspunkten stehen, wenn der Satz danach noch weitergeführt wird (vgl. R 61):

Nur, also ..., wissen Sie, warum die Dinge komplizieren ... (Weltbühne)

„Immerhin – nicht allzuweit vom Schuß ...", brummte er halbwegs selbstzufrieden. (E. Agricola)

3. Die paarigen Satzzeichen

Zu den paarigen Satzzeichen gehören doppeltes Komma, doppelter Gedankenstrich, Klammern und Anführungszeichen. Im Gegensatz zu den Einzelzeichen wie Punkt, Semikolon oder einzelnes Komma, die hauptsächlich eine Grenz- und Gliederungsfunktion erfüllen, dienen die Doppelzeichen vor allem der Hervorhebung bestimmter Satzteile, die in einen Ganzsatz eingeschoben, aber nicht in den Verlauf des Satzes einbezogen sind. Den doppelten Gedankenstrich und das doppelte Komma haben wir bereits bei den Einzelzeichen mit behandelt (s. S. 58ff. u. 83ff.), da der Benutzer sie an dieser Stelle suchen wird, so daß wir hier nur noch von den Doppelzeichen sprechen, die stets paarweise auftreten: von den Klammern und den Anführungszeichen.

3.1. Die Klammern

Im Gegensatz zu ihrem heutigen Gebrauch nahmen die Klammern in der Frühzeit der deutschen Interpunktionslehre eine sehr viel bedeutendere Stellung ein. Sie waren als Satzzeichen ungemein beliebt und wurden viel häufiger verwendet. Schon in Drucken des 15. Jh. findet man Ineinanderschachtelungen mehrerer Klammern, und ihre Erklärung nimmt in den Grammatiken oft mehr Raum ein als die des Kommas oder sogar aller anderen Satzzeichen zusammen.
Schon Niclas von Wyle (1462) beschreibt die Klammern als zwei „krumme Strichlin", die er *parentesis* oder *interposicio* nennt. Der lateinische Terminus wird zunächst bei Hans Nythart (1468) und Johannes Kolroß (1564) als *zwischensetzung* ins Deutsche übertragen; seit Justus Georg Schottel (1663) setzt sich bis zu Johann Balthasar von Antesperg (1747) die Bezeichnung *Einschluß(-zeichen)* durch. Wolfgang Ratke (1612–1630) hat als erster die verschiedenen Funktionen des *Einsetzungszeichens,* wie er sowohl runde als auch eckige Klammern nennt, ausführlich und teilweise bis heute gültig beschrieben.
Hieronymus Freyer (1721) nennt die runden Klammern *Ein-*

schließungszeichen, die eckigen dagegen *Ausschließungszeichen*.
Die runden Klammern kennzeichnen Einschübe, die nicht notwendig für das Verständnis des Textes sind, sondern der Verdeutlichung dienen. Die eckigen Klammern kennzeichnen fremde, d. h. nicht vom Autor selbst angebrachte Zusätze und Erklärungen. Als erster Grammatiker verwendet Johann Jakob Wippel (1746) den Terminus *Klammern*, der zwei Jahre später auch bei Johann Christoph Gottsched (1748) auftaucht.
Die heutige Funktion sowohl der runden als auch der eckigen Klammern ist es, Einzelwörter, Satzteile oder Sätze aus dem übrigen Satzverband herauszuheben und als zusätzliche Information zu kennzeichnen. Die zusätzliche Information kann näher bestimmen, auf etwas hinweisen, etwas erläutern. Meist handelt es sich bei den eingeklammerten Angaben um Informationen, die einer syntaktischen Einordnung widerstreben oder ihr bewußt entzogen werden.

Runde Klammern

■ **R 200** Runde Klammern schließen anstelle von Kommas oder Gedankenstrichen einen eingeschobenen Satz oder Satzteil ein, vor allem wenn er als Zusatz ohne besonderen Nachdruck gedacht ist.
Der eingeklammerte Zusatz besteht aus
– einem Schaltsatz (Parenthese):

> Sei freundlich gegen die Leute und nicht zu sparsam (du bist ein bißchen zu sparsam) und bewahre mir einen Platz in deinem Herzen.   (Th. Fontane)
> Der Chef hat eine Laune (die anderen haben auch eine Laune, bringen sie aber nicht ins Büro mit, sondern geben sie in der Garderobe ab).   (K. Tucholsky)

– einer nachgestellten Fügung oder Apposition:

> Und das Buch „Der Untertan" (erschienen bei Kurt Wolff in Leipzig) zeigt uns wieder, daß wir auf dem rechten Weg sind ...   (K. Tucholsky)
> Die Schauspielerinnen kokettieren mit ihren Formen, die durch entsprechende Kostüme (enganliegende oder sehr kurze Röcke, großzügig dekolletierte Blusen) unterstrichen werden.   (Weltbühne)

166

– einem Nebensatz:

> Um des erneuerten Vaterlandes willen (mit dem er aber sehr
> wenig zu tun hatte) war er als verheirateter Mann in die Mili-
> tärakademie eingetreten und in den Krieg gegangen ...
> (F. Werfel)

> Die Ufa ließ einmal triumphierend verkünden, sie habe den
> „Blauen Engel" erst einer Delegation des Preußischen Philolo-
> gen-Verbandes vorgeführt, die denn auch begeistert gewesen
> sei (weil es ja ein solches Lehrerschicksal nicht gibt.)   (K. Tu-
> cholsky)

– koordinierten Teilsätzen oder Satzteilen:

> Während sich die vierte Stunde der Vernehmung vollendete
> (und sich in meiner Brust ein höchst unpassendes Sympathie-
> gefühl für den Vernehmer zu regen begann), diktierte ich dem
> Hilflosen ... ein tiefschürfendes Protokoll.   (Weltbühne)

> Wir mögen wohl Grund haben, von uns nichts wissen zu wol-
> len (oder doch nicht alles – was auf das gleiche hinaus-
> läuft).   (Chr. Wolf)

– Satzgliedern oder Gliedteilen:

> ... er hatte sich inzwischen am Büfett in Front einer Meißner
> Suppenterrine aufgestellt, und indem er den Deckel (mit
> einem angestoßenen Engel obenauf) abnahm, stieg der Wrasen
> wie Opferrauch in die Höhe.   (Th. Fontane)

> Sobald ich mich dem Besuch einer (im übrigen meist dersel-
> ben) Dame widmete, geriet sie in einen Zustand mittlerer Erre-
> gung ...   (Weltbühne)

> An manchen Spätnachmittagen blieben die Besuche auf eine
> halbe Stunde (als eine Art Alibi) beschränkt.   (E. Agricola)

R 201 Erklärende Zusätze zu einzelnen Wörtern oder auch
ganzen Sätzen werden in runde Klammern gesetzt, z. B. Worter-
läuterungen, Beispiele, Daten und Quellenangaben:

> Bei uns zu Hause wurde damals das französische Blatt „Petit
> Parisien" (Der kleine Pariser) gelesen.   (F. Dahlem)

> Die Interpunktion (Zeichensetzung) ist ein besonderes Teilsy-
> stem der Orthographie (Rechtschreibung). Die Kenntnis ge-
> meinsamer sprachlicher Zeichen (zum Beispiel Wörter und
> Wendungen) und deren Regeln zu ihrer Verknüpfung ist eine
> wesentliche Voraussetzung für das Sprachverstehen. (Sprach-
> pflege)

Die Anfertigung der Henne aus kariertem Stoff (Bild linke Seite oben) ... erfordert einige Schneiderkenntnis. (Guter Rat)

So sucht W. U. Wurzel (1970) auf der Grundlage der generativen Transformationsgrammatik dem syntaktischen wie lexikologischen Charakter der WBK gerecht zu werden. (Sprachpflege)

Gedächtnis: Funktion des Gehirns, „die das aufnehmende Einprägen, verarbeitende Behalten und sinngemäße Reproduzieren früherer Eindrücke und Erfahrungen gewährleistet" (Meyers Neues Lexikon, 1926). (Chr. Wolf)

R 202 An die Stelle der runden Klammern können, sofern sie eingeschobene Sätze oder Satzteile einschließen (R 200), auch Gedankenstriche oder Kommas treten (vgl. R 81 u. R 147):

Die Brigade hat (das muß man anerkennen) gute Arbeit geleistet.

Die Brigade hat – das muß man anerkennen – gute Arbeit geleistet.

Die Brigade hat, das muß man anerkennen, gute Arbeit geleistet.

Runde Klammern in Verbindung mit anderen Satzzeichen

Die Klammern entziehen sich – ebenso wie die Anführungszeichen – dem Gesetz der Kontraktion, d. h., sie können nicht durch ein anderes Satzzeichen aufgehoben werden oder selbst ein anderes Satzzeichen aufheben. Demnach können die Klammern in Verbindung mit allen anderen Satzzeichen auftreten. Da sie jedoch beim Einschluß eingeschobener Sätze oder Satzteile (vgl. R 202) dieselbe Funktion erfüllen wie das doppelte Komma oder der doppelte Gedankenstrich, schließen sich diese drei Satzzeichen gegenseitig aus. Der Schreibende kann in diesen Fällen frei entscheiden, welchem Zeichenpaar er den Vorzug geben will.

R 203 Nach der schließenden Klammer setzt man ein Komma, Semikolon oder einen Doppelpunkt, wenn sie auch ohne den eingeklammerten Zusatz stehen müßten (vgl. R 197 u. R 68):

„... Alltags nennt er mich ‚Herr von Stechlin‘ (den Major unterschlägt er), und wenn er ärgerlich ist, nennt er mich ‚gnädiger Herr‘.“ (Th. Fontane)

Erleichterung (der unvermeidliche Schritt ist getan, ohne daß man ihn selber hat tun müssen); gutes Gewissen (die Mitgliedschaft in jener vergleichsweise harmlosen Organisation – „Marinesturm“ – hätte man folgenlos nicht ablehnen können); welche Folgen? (Chr. Wolf)

Hinter der Schranke stehen zwei Mann (der Ausdruck „Menschen“ wäre übertrieben): ein sexuell verbogener Wandervogel mit Schillerkragen, hehren Überzeugungen und ungewaschenen Füßen – und ein Hütejunge für eine Kuhherde mittleren Grades. (K. Tucholsky)

R 204 Die Satzschlußzeichen Punkt, Fragezeichen und Ausrufezeichen stehen nach der schließenden Klammer, wenn sie sich auf den ganzen Satz beziehen (vgl. R 15, R 32 u. R 52):

Wir mögen wohl Grund haben, von uns nichts wissen zu wollen (oder doch nicht alles – was auf das gleiche hinausläuft). (Chr. Wolf)

Wann äußerst Du Dich denn nun zu meinem Vorschlag (vgl. meinen Brief vom 25. 3. 82)?

Oft genug werden wir auch selbst schon unseren Nächsten aufgefordert haben: „Laß mich doch endlich mal in Ruhe lesen (oder: schreiben, sitzen usw.)!“ (D. Faulseit / G. Kühn)

R 205 Der Punkt steht vor der schließenden Klammer, wenn ein selbständiger Satz eingeklammert ist (vgl. R 15):

„Gnädiges Fräulein“, sagte er vorläufig leise, aber bestimmt, wie man ungehorsame Raubtiere in der Manege beruhigt. (Gnädiges Fräulein ist immer gut, wenn man noch nicht weiß, wie es dann weitergehen soll.) (E. Agricola)

Die Uhr hatte zu Ende geschlagen, Nelly rennt zum Flurspiegel und glättet mühelos das Gesicht. (Da stand also schon die weiße Flurgarderobe mit dem viereckigen Spiegel.) (Chr. Wolf)

R 206 Frage- und Ausrufezeichen stehen vor der schließenden Klammer, wenn sie zum eingeklammerten Zusatz gehören (vgl. R 32 u. R 52):

Der echte Bibliophile liebt mehr als Form und Inhalt eines Bu-
ches seine Existenz; er muß es erst gar nicht lesen. (Verhält es
sich nicht mit jeder großen Liebe ähnlich?)   (F. Werfel)
Die Steinstufe (es gibt sie ja, du wirst sie nach sechsunddreißig
Jahren wiederfinden, niedriger als erwartet: Aber wer wüßte
heutzutage nicht, daß Kindheitsstätten die Angewohnheit haben zu schrumpfen?)   (Chr. Wolf)
Nie noch war sie böse über diese Blicke. (Wenn es überhaupt
möglich ist, daß eine Frau über solche Worte in den Blicken
böse sein kann!)   (E. Claudius)
Die Frage ist so unheimlich wie berechtigt. (Laß die Toten ihre
Toten begraben!)   (Chr. Wolf)

R 207 In runde Klammern eingeschlossene Frage- oder Ausrufezeichen bedeuten eine Wertung oder Infragestellung des vorangehenden Wortes (vgl. R 32 u. R 52):

Er wollte das Geld gefunden(?) haben.
Sie will ohne Unterbrechung 20(!) Stunden unterwegs gewesen
sein.

R 208 Auslassungspunkte können nach der eröffnenden oder
vor der schließenden Klammer stehen (vgl. R 61):

Er steht kurz vor seiner Beförderung zum (… nach Belieben
auszufüllen).   (K. Tucholsky)
Angenagelt an das Schlüsselloch, besessen von ihrem Kichern
(ach, Hülsebeck, Schlaumeier und Rädchenschnurrer, stehst
da, leer und hilflos wie der Teufel vor dem Herrn, damals in
der Wüste …) hörte sie nicht, daß die Küchentür gegangen und
jemand leicht geschlupft herangekommen war.   (E. Claudius)

R 209 Auch Zitate oder die direkte Rede können in Klammern stehen (vgl. R 227):

Ob ihre Kinder die Wehrpflicht wieder bekämen oder nicht
(„Bei meinen Beziehungen!"); ob die Schulen den schlimm-
sten Preußen ausgeliefert würden …: sie lebten in einer andern, glatt geschmierten, schnelleren Welt.   (K. Tucholsky)
Wenn nicht … sich eben in diesem Dämmerlicht ein Mörder
in das Zimmer geschlichen hat, ein buckliges Männchen
(„Will ich in mein Stüblein gehn, will mein Müslein essen,
steht ein bucklig Männlein da, hat's schon halber gessen"),
sich über das Kopfende von Brüderchens Holzgitterbett
beugt …   (Chr. Wolf)

R 210 In Gliederungen, Inhaltsverzeichnissen und dergleichen sollten Kleinbuchstaben mit einer halben Klammer, dafür aber ohne Punkt stehen:

> Das Überqueren der Bahnübergänge ist verboten, wenn
> a) die Annäherung eines Schienenfahrzeugs wahrnehmbar ist,
> b) durch rotes Blinklicht oder Schallzeichen die Annäherung eines Schienenfahrzeugs angekündigt wird,
> c) die Schranken sich schließen oder geschlossen sind, wenn sie geöffnet werden oder wenn durch ihre Stellung oder Bewegung nicht eindeutig die Aufhebung der Sperrung des Bahnübergangs zu erkennen ist,
> d) durch Warnposten, Sperr- oder Sicherungsgeräte die Sperrung kenntlich gemacht wird. (Straßenverkehrsordnung)
>
> Wie in dem unter a) zitierten Beispiel deutlich wird, ...

Eckige Klammern

R 211 In einem Text, der bereits in runde Klammern eingeschlossen ist, werden erläuternde Zusätze in eckige Klammern gesetzt:

> Ich teile Ihnen mit (das ist jetzt mein fester Entschluß [vgl. meinen Brief vom 5. 1. 1983]), daß ich von meiner Forderung nicht abgehen werde.

R 212 In Zitaten werden eigene Zusätze durch eckige Klammern kenntlich gemacht:

> „Die Absicht der Unterscheidungszeichen [= Satzzeichen – R. B.] ist, die verschiedenen Pausen anzudeuten [...]", sagt Adelung in seinem „Umständlichen Lehrgebäude der Deutschen Sprache".

R 231 In eckigen Klammern können Buchstaben, Wortteile oder Wörter stehen, die auch weggelassen werden dürfen:

> Entwick[e]lung; gern[e], wahrhaft[ig]; ein Dolmetscher ist ein [berufsmäßiger] Übersetzer.

3.2. Die Anführungszeichen

Von den deutschen Grammatikern hat zuerst Hieronymus Freyer (1721) die Anführungszeichen als *signum citationis* sowohl dem Aussehen als auch der Funktion nach beschrieben; doch wurde dieses Zeichen schon im 17. Jh. verwendet. Es wurde damals nicht nur am Anfang und am Ende der zitierten Stelle gesetzt, sondern zu Beginn jeder Zeile, die aus einem fremden Werk übernommen wurde oder eine direkte Rede darstellte. Der Begriff *Anführungszeichen* wurde von Johann Balthasar Antesperg (1747) geprägt und hat sich schließlich bis in die Gegenwart behauptet.

Ihre heutige Hauptfunktion ist die Kennzeichnung fremder Äußerungen (direkte Rede, Titel, Überschriften, Zitate). Sie können außerdem auf die besondere Stellung des Autors zu einer bestimmten Äußerung hinweisen. Die Anführungszeichen stehen am Anfang und Ende der Teile, die aus dem Text herausgehoben werden sollen. In Hand- und Maschinenschrift haben sie folgende Formen: „...“, “...”; im deutschen Schriftsatz werden sie sowohl in der Form „...“ als auch in den Formen »...« und «...» gebraucht.

Volle Anführungszeichen

■ **R 214** Die direkte Rede wird in Anführungszeichen eingeschlossen. Meistens wird sie von einem Begleitsatz (z. B. *er sagte*) eingeleitet; doch kann dieser ihr auch folgen oder als Schaltsatz in sie eingeschoben werden. Die unterbrochene Rede schließt mit Anführungszeichen; nach der Unterbrechung wird die wiederaufgenommene direkte Rede erneut durch Anführungszeichen eingeleitet:

> Dann fragte er sie: „Ziege, bist du satt?“
> „Nun bist du doch endlich einmal satt“, sagte der Schneider.
> „Der gottlose Bösewicht“, schrie der Schneider, „so ein frommes Tier hungern zu lassen!“   (Brüder Grimm)
> Er hatte gesagt: „Das hätte aber schief gehen können.“
> Und sie hatte gesagt: „Es ist schiefgegangen.“
> Er hatte gesagt: „Dir konnte doch nichts passieren.“
> Und sie hatte gesagt: „Mir ist etwas passiert.“
> Er hatte gesagt: „Hätte ich vielleicht reden sollen?“

Und sie hatte gesagt: „Du hättest so nicht schweigen sollen."
„Das verstehst du wohl nicht", hatte er gesagt, und „Ich will es
auch niemals lernen", hatte sie geantwortet, und dann hatte sie
„Freundschaft" gerufen, und er hatte automatisch „Freundschaft" erwidert, und da hatte sie gelacht und war gegangen.   (H. Kant)

Auch wörtlich wiedergegebene Gedanken werden in Anführungszeichen eingeschlossen (vgl. aber R 221):

Der Mann, der sie lieb hatte, dachte: „Eh' du deine Frau ster-
ben lässest, holst du ihr von den Rapunzeln, es mag kosten,
was es will."   (Brüder Grimm)

■ **R 215** Die Anführungszeichen stehen am Anfang und am
Ende von wörtlichen Zitaten:

Hermann Kants Roman „Das Impressum" beginnt mit den
Worten: „Ich will aber nicht Minister werden!"
Als Wiebel das nächstemal „mein Vetter von Klappke" sagte,
verbeugten Diederich und Hornung sich mit den anderen, ge-
schmeichelt wie je.   (H. Mann)

Die Quelle eines wortgetreuen Zitats kann unmittelbar nach
dem Titel (in Klammern) angeführt oder mit Hilfe eines Quel-
lennachweiszeichens (meist hochgestellte oder eingeklammerte
Zahlen) markiert werden. Am Satzende wird das Quellennach-
weiszeichen unmittelbar hinter das schließende Anführungszeichen, also noch vor das Satzschlußzeichen gesetzt. Steht es hinter dem Satzschlußzeichen, so bezieht sich der Quellennach-
weis auf den ganzen Satz.

■ **R 216** Zitierte Überschriften und Titel von Büchern, Zeitungen, Gedichten, Bühnenwerken, Gemälden usw. werden durch
Anführungszeichen hervorgehoben:

Ja, wenn es nicht „Vom Winde verweht" gewesen wäre, sondern „Der Sturm" von Ilja Ehrenburg oder sonst etwas mit
einer progressiven Luftbewegung, dann sähe die Sache ganz
anders aus …   (H. Kant)
Am Abend ging sie in die Oper, man gab Glucks „Iphige-
nie".   (L. Feuchtwanger)
Storms Gedichte „Abseits", „Oktoberlied", „Die Stadt" und
„Über die Heide" sind an das tiefe Erlebnis seiner norddeut-
schen Heimat gebundene Naturlyrik.

Sie interessierte sich für das bunte Getriebe des „Asiatischen Marktes" von Leprince und für das große, tumultuöse Bild von der Hand des Malers Vincent ... (L. Feuchtwanger)

Die Anführungszeichen können fehlen, wenn es sich um (sehr bekannte) Buchtitel, Gedichtüberschriften usw. handelt, die aus dem Textzusammenhang klar als solche erkennbar sind:

Gerhart Hauptmanns Biberpelz gehört zu den besten deutschen Komödien.

R 217 Auch Einzelwörter oder Wortgruppen können durch Anführungszeichen hervorgehoben werden. Es handelt sich dabei vor allem um angeführte Wörter, Termini, Namen, Anreden oder Schallnachahmungen:

Für das F in „Formen" machte er seinen Mund zu einem kleinen schwarzen Mausloch und stieß es langsam geschwellt heraus. (H. Mann)

Mein Glück heißt Fran, weil Fran „Franziska" nicht ausstehen kann. (H. Kant)

Vor 1350 soll „gedaechtnis" nichts anderes gemeint haben als „Denken" – das Gedachte – und auf diese Weise mit „Danken" verwandt gewesen sein. (Chr. Wolf)

In menschlicher Lage einander nähergekommen, rückten sie nachher auch am offiziellen Kneiptisch zusammen, tranken Schmollis und nannten sich „Schweinehund" und „Nilpferd". (H. Mann)

Flüchtig dachte er daran, daß die Ausreise seiner Schiffe „Le Flammand" und „L' Heureux" aus Bordeaux für die nächsten Tage geplant war. (L. Feuchtwanger)

Für diese Eierbecher oder -sockel (Bild links) benötigt man jene beiden Pappröllchen, auf die das Haushaltpapier „Trokkenfix" aufgewickelt ist. (Guter Rat)

Sie waren die einzigen unter den Hausbewohnern, die „Sie" zueinander sagten. (A. Seghers)

Und dann folgte noch eine Lautverbindung, die wie „d – ck" klang. Es hätte ein mühsam abgerungenes „danke" sein können, aber ebensogut „Dummkopf" geheißen haben. (E. Agricola)

R 218 Bei Koppelwörtern kann auch nur ein Teil der Zusammensetzung in Anführungszeichen stehen:

„Lauf dich gesund!"-Bewegung; ihre ewige „Liebst du mich noch?"-Fragerei; die „Friß, Vogel, oder stirb!"-Methode

Mehrteilige Bestimmungsglieder sollten jedoch nur dann in Anführungszeichen eingeschlossen werden, wenn sie Imperative sind oder Frageform haben, Kommas enthalten oder Titel von Büchern, Zeitungen, Zeitschriften, Dichtungen, Kompositionen, Fernsehsendungen, Filmen u. dgl. sind.

R 219 Neben der Kennzeichnung von Zitaten und Titeln stehen Anführungszeichen immer dann, wenn der Schreibende (persönliche) Wertungen verdeutlichen oder Distanzierung kennzeichnen will.

Wörter oder Wortgruppen in Anführungszeichen können sogar das Gegenteil ihrer eigentlichen Bedeutung ausdrücken. Sinngemäß lassen sich die Anführungszeichen meist durch „angeblich" oder „sogenannt" ersetzen:

> Von den sieben Schönheiten, über die jede Evastochter Verfügung haben soll, hatte sie, soweit sich ihr „Kredit" feststellen ließ, nur die Büste. (Th. Fontane)
>
> „Ich freue mich, Vogt, daß Sie schon hier sind", sagte Berndt, und er sah gespannt den Mann an, der das „Dritte Reich" im Zuchthaus erlebt hatte. (A. Seghers)
>
> Jetzt hatte er ihn abgeschüttelt, den „Makel", jetzt hatte er sie in die Winde geblasen, die „Rüge". (L. Feuchtwanger)
>
> Von Kindheit an schlossen das Denken der einheimischen Bevölkerung und nicht zuletzt das eigene Elternhaus das Aufkeimen irgendwelcher Sympathien für das „glorreiche" Preußen aus. (F. Dahlem)
>
> Das „Ding" war ein aktentaschengroßer Glasdeckelkasten, in dem Schmetterlingsjäger gewöhnlich ihre Trophäen zur letzten Ruhe betten. (E. Agricola)
>
> Unsere Massenmedien von Fremdwörtern „reinigen" zu wollen wäre ein unmögliches und nicht notwendiges Unterfangen. (Sprachpflege)
>
> Einige Tage später trat ein „Revier"gehilfe an Diederich heran und fertigte auf geschwärztem Papier einen Abdruck des verhängnisvollen Fußes. (H. Mann)

Häufig werden auch Wörter aus der Alltagslexik, Mundart- und Jargonausdrücke in einer sonst am literatursprachlichen Standard orientierten Darstellung durch Anführungszeichen als in diesem Zusammenhang ungewöhnliche Wörter gekennzeichnet:

> ... wie er ja überhaupt nicht sehr „pingelig" war, fremde Ideen zu benutzen. (Weltbühne)

175

Beim Exerzieren im Kasernenhof, beim Gliederbilden, Sich-zerstreuen und Platzwechseln ward weiter nichts beabsichtigt, als die „Kerls" umherzuhetzen. (H. Mann)

Die Anführungszeichen sind jedoch überflüssig, wenn der Ausdruck schon durch ein Wort wie *angeblich, gewissermaßen, sozusagen* oder *sogenannt* entschuldigt ist:

Nach dem sogenannten Kontraktionsgesetz wird das Komma durch ein gewissermaßen ranghöheres Satzzeichen wie Punkt, Semikolon oder Doppelpunkt aufgehoben.
Sie hatte gestern abend wieder ihre angebliche Migräne.

Halbe Anführungszeichen

Halbe Anführungszeichen haben in Hand- und Maschinenschrift folgende Formen:
‚...' oder '...' oder '...'; im deutschen Schriftsatz werden sie sowohl in der Form ‚...' oder ›...‹ oder ‹...› gebraucht. Sie sollten jedoch grundsätzlich nicht anstelle der normalen (vollen) Anführungszeichen verwendet werden.

■ **R 220** Halbe Anführungszeichen erhält eine Anführung oder eine direkte Rede, die in einem bereits mit Anführungszeichen versehenen Text steht:

„... Alltags nennt er mich ‚Herr von Stechlin' (den Major unterschlägt er), und wenn er ärgerlich ist, nennt er mich ‚gnädiger Herr'. Aber sowie ich mit Freunden komme, betitelt er mich ‚Herr Baron'. Er will was für mich tun." (Th. Fontane)
„Jetzt wirst du vorlaut, Tony. Wie ich ‚tue', das gilt – bitte ich mir aus! Alles übrige geht niemanden etwas an." (Th. Mann)
»Soll es dabei bleiben«, fragte sie, »daß wir am Dreiundzwanzigsten den ›Barbier‹ aufführen?« (L. Feuchtwanger)
Hannes sagte: «Dieser ‹Sonnenblick›, das ist ein Piratennest.» (A. Seghers)

R 221 Im Gegensatz zur direkten Rede werden oft auch wörtlich wiedergegebene Gedanken in halbe Anführungszeichen gesetzt:

„Wir gehören zusammen", sagte Diederich und preßte sie an sich; aber er war erschrocken über seinen Ausruf. ‚Jetzt wartet sie', dachte er, ‚jetzt soll ich sprechen.' (H. Mann)

Der Bote spricht leise vor sich hin, eben noch hörbar und un-
aufdringlich, damit kein Verdacht aufkommt, er sei ein Besser-
wisser und es sei überhaupt nötig, daß er spricht: ‚Mir scheint,
die Chefin kommt.‘   (H. Kant)

Die Anführungszeichen in Verbindung mit anderen Satzzeichen

Die Anführungszeichen können – ebensowenig wie Klammern
– nicht durch ein anderes Satzzeichen aufgehoben werden;
auch kann ihre Funktion nicht von anderen Satzzeichen wahr-
genommen werden. Daraus folgt, daß die Anführungszeichen in
Verbindung mit allen anderen Satzzeichen auftreten.

R 222   Ein Komma steht immer n a c h dem schließenden Anführungszeichen, da es nicht zur direkten Rede oder zum Zitat
gehört, sondern dazu dient, den Begleitsatz abzutrennen. Ein
Punkt nach einem voranstehenden angeführten Aussagesatz
entfällt. Ist der Begleitsatz in die direkte Rede eingeschoben, so
wird er in Kommas eingeschlossen (vgl. R 198):

> „Feinde haben keine guten Eigenschaften“, entschied Mar-
> tin.   (E. Welk)
> „In diesem Falle“, sagte der Polizist nach einigem Überlegen,
> „gebe ich Ihnen fünf Sekunden.“   (H. Kant)

R 223   Steht am Ende der direkten Rede ein Frage- oder Ausrufezeichen, so läßt man das Komma weg, um eine Häufung
von Satzzeichen zu vermeiden (vgl. R 198):

> „Wer singt denn da so fromm und ehrlich?“ fragte Petrus, der
> Himmelspförtner, verwundert …   (E. Welk)
> „Sogar die Polizei steckt mit denen unter einer Decke!“ rief
> sie.   (E. Agricola)

Außer einem Frage- oder Ausrufezeichen setzt man jedoch ein
Komma, wenn
– im Begleitsatz durch ein hinweisendes Wort auf das Zitat zu-
rückverwiesen wird:

> „Haben wir auch keinen Fehler gemacht?“ dies fragten sie sich
> besorgt.
> „Wie schön die Aussicht ist!“, so riefen sie bewundernd aus.

– wenn auf den Begleitsatz mit Zitat ein neuer Teilsatz (Haupt- oder Nebensatz) folgt. Das Komma markiert hier die Teilsatzgrenze:

> Noch heißen viele Bücher: „Ich stehe Kopf – was tun Sie?", aber das wird sich legen." (K. Tucholsky)
>
> Als er zu mir sagte: „Das schaffe ich nie!", wurde ich beinahe wütend.
>
> Er fragte sie: „Was haben Sie denn?", als sie erschrocken zurückwich.

R 224 Satzschlußzeichen, die zur direkten Rede oder zum Zitat gehören, setzt man vor, die zum Begleitsatz gehörenden Satzschlußzeichen nach dem schließenden Anführungszeichen. Ein zum Begleitsatz gehörender Punkt entfällt, wenn das Zitat bereits mit einem Satzschlußzeichen endet; ein zum Zitat gehörender Punkt entfällt, wenn der Begleitsatz mit einem Frage- oder Ausrufezeichen endet:

> Er sagt: „Ich komme morgen wieder."
>
> Der Chef will sich immer zur Ruhe setzen und hat häufig den „ganzen Kram satt". (K. Tucholsky)
>
> Die Mutter fragte: „Habt ihr heute schon Brot geholt?"
>
> Warum sagte Kohlhaas: „Heute ist mein glücklichster Tag"?
>
> Ergrimmt dachte er: ‚So ein Schuft!'
>
> Du darfst niemals sagen: „Ich kann das nicht"!
>
> Hat er gefragt: „Was soll ich denn?"?
>
> Schrie er wieder: „Laß mich in Ruhe!"?
>
> Sag doch nicht immer: „Ich habe keine Zeit!"!
>
> So frag mich doch nicht dauernd „Warum?"!

R 225 Bei der angekündigten direkten Rede steht vor dem eröffnenden Anführungszeichen ein Doppelpunkt (vgl. R 74):

> Plötzlich schrie er: „Abrichter!" und gab den Unteroffizieren eine Instruktion, worauf er sich verachtungsvoll abwandte. (H. Mann)
>
> Er hatte gesagt: „Das hätte aber schiefgehen können."
>
> Und sie hatte gesagt: „Es ist schiefgegangen." (H. Kant)

R 226 Ein Gedankenstrich nach einem schließenden und vor einem eröffnenden Anführungszeichen kündigt bei fehlendem Begleittext einen Wechsel der Sprechenden an (vgl. R 76):

> Die zurückgebliebenen Gäste lachten und sagten: „Ein verrückter Bursche." – „Aber begabt." – „Er weiß es selbst nicht. Zehnmal mehr als alle diese übrigen Emigranten."
> (A. Seghers)

R 227 Zitate oder die direkte Rede können auch in Klammern stehen (vgl. R 209):

> („Ich habe alles getan, um es wieder gutzumachen. Ich habe die Beerdigungskosten bezahlt!") (K. Tucholsky)
> „Üb immer Treu und Redlichkeit" war eine der ersten Melodien, die Nelly vollständig und fehlerfrei sang und deren starker Text („Dem Bösewicht wird alles schwer ...") ihr früh den ohnehin tief eingewurzelten Zusammenhang zwischen Guttat und Wohlbefinden noch tiefer befestigte ... (Chr. Wolf)

Literaturverzeichnis

Baudusch, R.: Die geltende Regelung unserer Zeichensetzung und Ansatzpunkte zu ihrer Vereinfachung. In: Linguistische Studien, Reihe A, Heft 23. Berlin 1975. S. 39–87.

– Einige Bemerkungen zur geltenden Regelung unserer Zeichensetzung. In: Sprachpflege, 25. Jg., 1976, Heft 10, S. 196–201.

– Zum Gebrauch des Kommas vor „und" und „oder" bei koordinierten Sätzen. In: Sprachpflege, 27. Jg., 1978, Heft 7, S. 129–132 und Heft 11, S. 230–232.

– Wie ist unsere heutige Zeichensetzung entstanden? In: Sprachpflege, 28. Jg., 1979, Heft 2, S. 33–36.

– Zu den sprachwissenschaftlichen Grundlagen der Zeichensetzung. In: Theoretische Probleme der deutschen Orthographie, hrsg. v. D. Nerius u. J. Scharnhorst, Berlin 1980, S. 193–230.

– Satzzeichen als stilistische Gestaltungsmittel. In: Sprachpflege, 29. Jg., 1980, Heft 6, S. 113–116.

– Untersuchungen zu einer Reform der deutschen Orthographie auf dem Gebiet der Interpunktion. In: Linguistische Studien, Reihe A, Heft 83/II. Berlin 1981. S. 216–323.

– Eine Lanze für das Semikolon. In: Sprachpflege, 30. Jg., 1981, Heft 1, S. 1–4.

– Prinzipien der deutschen Interpunktion. In: zeitschrift für germanistik, 2. Jg., 1981, Heft 2, S. 206–218.

– Einige Gedanken über den Gedankenstrich. In: Sprachpflege, 30. Jg., 1981, Heft 11, S. 161–164.

– Einige Bemerkungen über den Doppelpunkt. In: Sprachpflege, 31. Jg., 1982, Heft 2, S. 17-20.

– Das einfache und das doppelte Komma. In: Sprachpflege, 31. Jg., 1982, Heft 5, S. 70–73.

– Einige Ausführungen zu den Anführungszeichen. In: Sprachpflege, 32. Jg., 1983, Heft 4, S. 49–53.

– Einige Auslassungen über die Auslassungspunkte. In: Sprachpflege, 32. Jg., 1983, Heft 8, S. 113–115.

Berger, D.: Komma, Punkt und alle anderen Satzzeichen. Duden-Taschenbücher Bd. 1. Mannheim/Wien/Zürich 1968.

Der Große Duden. Leitfaden der deutschen Rechtschreibung

und Zeichensetzung mit Hinweisen auf grammatische Schwierigkeiten. 17. Aufl. u. folgende, Leipzig 1976 ff.

Einführung in die Grammatik und Orthographie der deutschen Gegenwartssprache. Von einem Autorenkollektiv unter Leitung von K.-E. Sommerfeldt, G. Starke, D. Nerius. Leipzig 1981.

Helbig, G./J. Buscha: Deutsche Grammatik. Ein Handbuch für den Ausländerunterricht. Leipzig 1982.

Höchli, St.: Zur Geschichte der Interpunktion im Deutschen. Studia Linguistica Germanica 17. Berlin/New York 1981.

Ickovič, V. A.: Opyt opisanija sovremennoj punktuacii. In: Nerešennye voprosy russkogo pravopisanija. Moskva 1974. S. 172–190.

Jung, W.: Grammatik der deutschen Sprache. Neuausgabe, bearb. von G. Starke, Leipzig 1980.

Karapetjan, G. K.: Razvitie teorii interpunktuacii v nemeckoj lingvističeskoj literature. In: Issledovanija predloženij nemeckogo jazyka I. Rjasan 1974. S. 117–134.

Kratschmer, Th./A. Schmidt: Komma-Lexikon. München 1975.

Kurze Deutsche Grammatik. Berlin 1982.

Müller, R. W.: Rhetorische und syntaktische Interpunktion. Untersuchungen zur Pausenbezeichnung im antiken Latein. Diss. Tübingen 1964.

Pen'kovskij, A. B./B. S. Švarckopf: Opyt opisanija russkoj punktuacii kak funkcional'noj sistemy. In: Sovremennaja russkaja punktuacija. Moskva 1979. S. 5–25.

Šapiro, A. B.: Sovremennyj russkij jazyk. Punktuacija. 2. Aufl. Moskva 1974.

Sprachpflege. Zeitschrift für gutes Deutsch. Jahrgänge 1960–1982. Leipzig.

Wörterbuch der deutschen Gegenwartssprache, hrsg. von R. Klappenbach und W. Steinitz. Berlin 1965 ff. Bd. 1-6.

Wörterbuch der Sprachschwierigkeiten, hrsg. von J. Dückert u. G. Kempcke. Leipzig 1984.

Zimmermann, F.: Untersuchungen zu Verstößen gegen die Norm der Schreibung bei Schülern der allgemeinbildenden polytechnischen Oberschule. Ausgewählte Ergebnisse, Wertungen und Folgerungen. In: Wissenschaftliche Zeitschrift der Pädagogischen Hochschule „Ernst Schneller" Zwickau. 16. Jg., 1980, Heft 1/2, S. 164–180.

Zimmermann, H.: Zur Leistung der Satzzeichen. Duden-Beiträge Nr. 36. Mannheim 1969.

Quellenverzeichnis

Agricola, E.: Tagungsbericht. Rudolstadt 1978.

Böll, H.: und sagte kein einziges wort. Berlin 1960.

Claudius, E.: Von der Liebe soll man nicht nur sprechen. Berlin 1957.

Dahlem, F.: Am Vorabend des zweiten Weltkrieges. 1938 bis August 1939. Erinnerungen. Bd. 1. Berlin 1979.

Fallada, H.: Wolf unter Wölfen. 1. Teil. Berlin 1954.

Faulseit, D./G. Kühn: Stilistische Mittel und Möglichkeiten der deutschen Sprache. Leipzig 1972.

Feuchtwanger, L.: Die Füchse im Weinberg. Berlin 1952.

Fontane, Th.: Der Stechlin. Berlin 1954.

Grimm, J. u. W.: Kinder- und Hausmärchen. Neue durchges. Ausgabe, hrsg. v. P. Neuburger. 2 Tle. Berlin u. Leipzig 1916 (Bongs Goldene Klassiker Bibliothek).

Guter Rat. Jg. 1979, Heft 1.

Kant, H.: Die Aula. Berlin 1967.

– Das Impressum. Berlin 1976.

Mann, H.: Der Untertan. (= Ausgewählte Werke in Einzelausgaben Bd. IV). Berlin 1954.

Mann, Th.: Ausgewählte Erzählungen. Berlin 1953.

– Buddenbrooks. Berlin 1955.

Neues Deutschland. Jg. 1979, Nr. 144.

Neutsch, E.: Spur der Steine. Halle – Leipzig 1964.

Noll, D.: Die Abenteuer des Werner Holt I. Berlin 1963.

Seghers, A.: Die Rettung. (= Gesammelte Werke in Einzelausgaben Bd. III). Berlin 1952.

Sprachpflege. Jg. 1979, Heft 9.

Theoretische Probleme der Sprachwissenschaft Bd. 1. Berlin 1976.

Tucholsky, K.: Drei Minuten Gehör. In: Erzählende Prosa. Versdichtung. Hrsg. v. H. Marquardt. (Reclams Universal-Bibliothek Bd. 309). Leipzig 1968.

Welk, E.: Die Heiden von Kummerow. Rostock 1961.

Weltbühne. Jg. 1979, Heft 6.

Werfel, F.: Die vierzig Tage des Musa Dagh. Berlin 1956.

Wochenpost. Jg. 1979, Nr. 13.

Wolf, Chr.: Kindheitsmuster. Berlin und Weimar 1976.

Sachregister

Die Zahlenangaben beziehen sich auf die Seiten, fettgedruckte Zahlen geben die Hauptstellen an

Wortregister

Die Zahlenangaben beziehen sich auf die Seiten, fettgedruckte Zahlen geben die Hauptstellen an

A

abends 81
aber 49, 78, 133, **135**
abgesehen (da)von 125
abgesehen davon (, daß) 135
allein 78, 135
allerdings 135 f.
als 65, 98, 117, 131 f., 135
als daß 137
als ob 137
als wenn 137
also 90, 91, 137
alt 73
ander(e)nfalls 137
ander(e)nteils 77, 137
and(e)rerseits 77, 138
anfangen 113
angeblich 176
angenommen, (daß) 138
anstatt (daß) 138
anstatt zu 110
auch 77, **138**
aufhören 113
ausgenommen 139
außer 90, **139**
außerdem 77, **139**

B

bald – bald 77, **139**
beginnen 113
besonders 90, 91, **140**
Betreff 20
betreffend 125
bevor 140

beziehungsweise (bzw.) 78, 97, **140**
bis 140 f.
bis auf 90
bitte 84, 85 f.
bitten 113
brauchen 113
bzw. → beziehungsweise

D

da 140
daher 49, **140**
damit 63, **140 f.**
darum 49
das heißt (d. h.) 53, 90, 93, **142**
das ist (d. i.) 53, 90, 93, **142**
daß 63, **142 f.**
denken 113
denn 49, 132, 133, **144**
dennoch 78, **144**
deshalb 49, **144**
deswegen 144
d. h. → das heißt
d. i. → das ist
doch 49, 78, 133, **144 f.**
drohen 114

E

ehe 145
einerseits – and(e)rerseits/an-
    derseits 77, **145**
einesteils – ander(e)nteils 77,
    145

O

ob 152
ob – ob 77, 152
obgleich 152
obschon 152
obwohl 152
oder 65, 71, 73, 78 f., 97 ff.,
    103, 106, 107, 116 f., 124,
    128 ff., 133, 153
ohne daß 153
ohne zu 110, **153 f.**

P

pflegen 113

S

scheinen 113
sein (Hilfsverb) 113
seit 154
selbst wenn 154
sich 110
so 154
so gesehen 125
sobald 154
so bald 154
so (,) daß 155
sofern 155
sogenannt 176
solange 155
sondern 78, **155**
sooft 155
soviel 156
soweit 156
sowie 65, 71, 78, 98, 116,
    156
sowohl – als (auch) 65, 78, 98,
    116, **156**
sowohl – wie (auch) 65, 78,
    98, 116, **156**
sozusagen 176
statt 156
suchen 113

T

teils – teils 77, **157**
trotz 90
trotzdem 157

U

um 81
um so 133, **157**
um zu 110, 115, **157**
und 63, 65, 71, 73, 78 f., 97 ff.,
    103, 105, 106, 107, 114, 116 f.,
    124, **128**, 133, **158**
und zwar 53, 90, 91
und das 90
ungeachtet (daß) 159
unter der Bedingung/Voraus-
    setzung, daß 159

V

verdienen 113
verlangen 113
vermögen 113
versprechen 114
verstehen 113
versuchen 113
vielmehr 78, **159**
vor allem 90
vorausgesetzt, (daß) 159
vormittags 81

W

während 160
wagen 113
weder – noch 65, 78 f., 97, 98,
    116, **160**
weil 63, **160**
wenn 108, **160 f.**
wenn auch 90
wie 65, 78, 90, 92, 98, 108,
    117, **131 f.**, 161

wie gesagt 125
wissen 113
wünschen 113

Z

zu 108, 111f., 115ff.,

zugegeben, daß 162
zugestanden, daß 162
z. B. → zum Beispiel
zum Beispiel (z. B.) 53, 90, 93
zumal (da/wenn) 162